中华人民共和国行业标准

公路环境保护设计规范

Design Specifications of Highway Environmental Protection

JTG B04—2010

主编单位:中交第一公路勘察设计研究院有限公司
批准部门:中华人民共和国交通运输部
实施日期:2010 年 07 月 01 日

人民交通出版社

2010 · 北京

图书在版编目（CIP）数据

公路环境保护设计规范：JTG B04-2010 / 中交第一公路勘察设计研究院有限公司主编．—北京：人民交通出版社，2010.6

ISBN 978-7-114-08473-7

Ⅰ．①公…　Ⅱ．①中…　Ⅲ．①道路工程－环境保护－设计规范－中国　Ⅳ．①U412-65

中国版本图书馆 CIP 数据核字（2010）第 102093 号

中华人民共和国行业标准

公路环境保护设计规范

JTG B04—2010

中交第一公路勘察设计研究院有限公司　主编

人民交通出版社出版发行

（100011　北京市朝阳区安定门外外馆斜街 3 号）

各地新华书店经销

北京市密东印刷有限公司印刷

开本：880×1230　1/16　印张：4.75　字数：97 千

2010 年 6 月　第 1 版

2021 年 1 月　第 7 次印刷

定价：28.00 元

ISBN 978-7-114-08473-7

中华人民共和国交通运输部

公　　告

2010年第12号

关于公布《公路环境保护设计规范》（JTG B04—2010）的公告

现公布《公路环境保护设计规范》（JTG B04—2010），作为公路工程行业标准，自2010年7月1日起施行，原《公路环境保护设计规范》（JTJ/T 006—98）同时废止。

《公路环境保护设计规范》（JTG B04—2010）的管理权和解释权归交通运输部，日常解释和管理工作由主编单位中交第一公路勘察设计研究院有限公司负责。请各有关单位在实践中注意总结经验，及时将发现的问题和修改建议函告中交第一公路勘察设计研究院有限公司（地址：陕西省西安市高新区科技二路63号，邮政编码：710075），以便修订时研用。

特此公告。

中华人民共和国交通运输部

二〇一〇年五月七日

主题词：公路　规范　公告

交通运输部办公厅　　2010年5月10日印发

前　言

环境保护作为可持续发展的一项重要内容,是我国的一项基本国策。我国公路工程建设项目历来十分重视对自然环境的保护工作。《公路环境保护设计规范》(JTJ/T 006—98)颁布实施以来,对提高公路建设项目环境保护设计水平发挥了重要作用,但随着公路建设的不断发展,环境保护认识水平的不断提高,原有规范部分内容已不能满足实际要求,需进一步修订完善。根据部规范修订要求,由中交第一公路勘察设计研究院有限公司负责组织实施《公路环境保护设计规范》(JTJ/T 006—98)的修订工作。

本次对《公路环境保护设计规范》(JTJ/T 006—98)的修订本着实事求是、开阔思路,认真吸取国内外成熟经验的原则,强调了全面、协调、可持续的科学发展观。修订后的规范,对于执行交通建设项目环境保护管理办法,贯彻交通运输部关于更新设计理念,保护耕地,降低工程造价,建设安全、环保和资源节约型社会等战略部署均具有积极的促进作用。

本规范共 9 章,分别是:1 总则;2 术语;3 总体设计;4 社会环境保护;5 生态环境保护;6 环境污染防治;7 绿化设计;8 水土保持;9 景观设计。

请各有关单位在执行中将发现的问题和建议,函告中交第一公路勘察设计研究院有限公司(地址:陕西省西安市高新区科技二路 63 号,邮编:710075),以便下次修订时参考。

主 编 单 位:中交第一公路勘察设计研究院有限公司

参 编 单 位:交通运输部公路科学研究院
长安大学
西安金路交通工程科技发展有限责任公司

主要起草人:汪双杰　罗满良　陈永耀　赵述曾　李祝龙
叶慧海　孟　强　赵剑强　张社升

目　录

1 总则

1.0.1 为确定公路工程建设项目环境保护设计原则和标准，提高公路环境保护设计质量和水平，促进可持续发展，制定本规范。

1.0.2 本规范结合我国多年来公路环境保护设计实践经验，依据现行《中华人民共和国环境保护法》、《中华人民共和国公路法》、《公路工程技术标准》(JTG B01)等有关法规标准制定。

1.0.3 本规范适用于新建、改(扩)建公路工程设计。高速公路、一级公路、二级公路和有特殊要求的公路工程项目必须进行环境保护设计，其他等级的公路可参照执行。

1.0.4 公路设计应树立全面、协调、可持续的科学发展观，体现安全、环保、舒适、和谐的设计理念。执行环境保护工程必须与主体工程同时设计、同时施工、同时投入使用的制度，遵守预防为主、保护优先、防治结合、综合治理的原则，实施各阶段的环境保护工作。

1.0.5 公路工程项目设计的各个阶段均应重视环境保护设计。在可行性研究阶段，应进行环境影响分析评价；在初步设计阶段，应落实环境影响评价文件提出的环境保护措施和水土保持方案；在施工图设计阶段，应根据初步设计审定意见做出环境保护工程设计。

1.0.6 环境保护设施应根据交通量增长情况，按照统一规划、分期实施的原则做好总体设计。各种环境保护设施应因地制宜，做到技术可行、经济合理。

1.0.7 高速公路、一级公路和二级公路的改(扩)建工程，应对原有工程的环境保护设施及改(扩)建过程中可能引发的环境问题进行分析评价，并提出相应对策。

1.0.8 公路环境保护投资应包括绿化和景观工程投资、噪声污染治理工程投资、污水处理工程投资、环境空气污染治理工程投资、水土保持工程投资及其他工程投资等。

1.0.9 公路工程建设项目环境保护设计除应符合本规范外，尚应符合国家现行有关标准的规定。

2 术语

2.0.1 施工期生活污水 sewage in construction

施工营地及施工管理区产生的生活污水。

2.0.2 声屏障的噪声插入损失 insertion loss of noise barrier

声屏障建造前后同一接收点的噪声级之差。

2.0.3 公路环境污染防治 contaminated prevention in highway environment

防治公路施工期、运营期的噪声、废气、污水、固体废弃物等对公路沿线环境污染的对策与措施。

2.0.4 公路建设水土保持 water and soil conservation in highway construction

在公路施工期的公路主体工程区域、取弃土场、临时工程等范围内预防和治理水土流失的综合性技术措施。

2.0.5 环境敏感点 sensitive area of environment

也称环境敏感区,包括需特殊保护地区、生态敏感与脆弱区和社会关注区等。

3 总体设计

3.1 一般规定

3.1.1 公路工程环境保护总体设计应结合工程项目自然环境、社会环境、交通需求、地区经济发展等工程建设条件，以保护沿线自然环境、维护生态平衡、防治水土流失、降低环境污染为宗旨，以环境敏感点为主，点、线、面相结合，确定环境保护总体设计原则和工程方案。

3.1.2 公路建设项目除工程方案因素比选外，还应对该地区相关环境敏感点进行深入调查，充分研究工程与环境的相互影响，论证不同公路路线方案给沿线环境带来的不同影响。

3.1.3 公路环境保护总体设计方案应根据环境质量标准、技术指标，结合项目沿线的自然环境、社会环境、生态环境等条件制订；公路环境保护总体设计应突出环境协调、技术先进、经济合理；环境保护设施应安全适用，便于养护。

3.1.4 公路环境保护总体设计应符合下列要求：

1 公路选线应结合地形条件，与自然环境融为一体；

2 公路构造物应结合区域环境进行设计，与周围环境相协调；

3 路线平、纵、横组合得当，线形均衡、行车安全，为用户提供良好的行车环境；

4 公路主体及沿线设施用地规模适当，保护土地资源，有利于社会环境协调发展；

5 防护措施合理、有效，防治水土流失，减少地质灾害对工程的影响；

6 落实环境影响评价文件中提出的各项措施，对施工与运营期可能产生的声、气、水等各种污染进行综合治理。

3.1.5 根据预测交通量和不同的保护对象而拟分期修建的环境保护设施，应按总体规划确定的各项技术指标制订分期修建方案。

3.2 设计要点

3.2.1 公路环境保护总体设计应着重分析以下影响因素：

1 路线及其相邻路网交通量增减变化所带来的噪声和废气的影响;

2 公路工程对沿线自然环境和农田水利设施的影响,公路施工和临时工程对水土保持的影响;

3 深路堑和高路堤对自然环境、边坡稳定和水土保持的影响;

4 在治理工程地质病害、开挖隧道等工程时,水文地质情况改变后对周围生态环境产生的影响;

5 桥梁墩台压缩河床对河道冲刷的影响;

6 公路工程对生态环境分割所带来的影响,包括湿地保护、地表径流、动物迁徙等;

7 路线布设与城镇规划、行政区划的相互配合及其影响;

8 公路对不可移动文物和风景区的影响;

9 路线与环境敏感点的距离及其影响。

3.2.2 公路应结合地形、地物条件,针对路线所处区域的不同环境特征和不同的环境保护对象,进行相应的技术方案比选。

1 在平原地区,公路环境保护设计的重点在于:

1)降低路基高度,保护土地资源;合理设置通道,减少公路对当地居民出行及景观的影响;

2)减少取土、弃土方式对土地利用方式、土壤耕作条件和农田水利排灌系统的影响;

3)减少路面汇水对养殖业水体的影响。

2 在地形条件复杂的山区,公路环境保护设计的重点在于:

1)重视桥隧方案的选用,减少高路堤和深路堑对自然景观、植被及地质条件的影响;

2)减少公路对珍稀动植物的影响;

3)重视路基开挖、取弃土对水土保持的影响;

4)严禁大爆破作业及乱挖、乱弃,预防诱发地质灾害;

5)注意路基开挖对受国家保护的不可移动文物等的影响;

6)注意隧道工程对当地原有水资源的影响。

3 绕城公路或接城市出入口公路环境保护设计的重点在于:

1)公路与城市规划的协调;

2)减少拆迁工程数量;

3)方便当地居民的出行;

4)选择、利用、创造、改善环境景观;

5)采取综合措施,降低交通噪声、废气、废水等对环境的污染。

3.2.3 公路线形设计应注重安全、环保、社会等因素,科学确定技术标准,合理运用技术指标,注重下列要点:

1 公路自身线形的协调、公路线形与结构物的协调及公路线形与环境的协调,公路平、纵线形组合满足汽车速度协调性的要求;

2 合理控制互通式立交规模,减少工程量和占地,合理运用互通式立交匝道指标,满足车流顺畅运行的要求。

3.2.4 路基路面设计应结合工程地质条件,因地制宜,就地取材,综合考虑下列因素:

1 合理选择路基高度,有条件时宜采用低路堤和浅路堑方案,路基边坡顺应自然;

2 重视路基及取弃土场范围内的表土保护与利用;

3 充分利用现有料场,新设料场应考虑其位置、开采方式、数量等对坡面植被、河水流向和水土保持等的影响;

4 弃方应集中堆弃,重视弃方的位置、数量等对自然环境的影响;

5 路基路面综合排水工程设施应自成体系,不得与当地排灌系统相互干扰;

6 路基防护形式应根据当地的自然条件合理选用,有条件时宜采用植物防护;水土流失严重或边坡稳定条件较差时,宜采用工程防护与植物防护相结合的方法,并重视表面植被防护。

3.2.5 公路交叉环境保护设计应根据公路网规划和相交公路状况,针对自然地形、地质条件以及社会环境等特点,结合公路交叉主体工程,综合考虑确定方案,并符合下列规定:

1 互通式立交设计应在满足公路交叉使用功能的同时,考虑交叉形式、布局的美观;立交区综合排水系统应与路线综合排水系统统一考虑;

2 互通式立交的匝道边坡宜放缓,设土质边沟或不设边沟,贴近自然,充分与环境协调;

3 互通式立交主线桥和匝道桥应进行上跨与下穿的方案比选;上跨主线结构物的跨径应合理布置,主线两侧宜设置边孔;合理确定桥上纵坡及桥头路基高度;

4 分离式立交桥的结构形式应考虑行车视距和视觉效果,与周围环境相协调。

3.2.6 桥隧环境保护设计应结合地质、水文、气象、地震等情况,考虑施工和运营环境进行多方案论证,并符合下列要求:

1 桥隧位置的选择应综合考虑接线设计,与周围山川、沟谷等自然景观协调;桥梁的导流设施应自然平顺;隧道洞口总体布置应贴近自然,洞门不宜过分进行人工化修饰;

2 隧址应避开或保护储水结构层和蓄水层,保护地下水径流和地表植被。

3.2.7 服务设施、管理设施的位置、规模应充分考虑人性化,结合自然景观合理确定。其设计应符合下列要求:

1 服务设施、管理设施的位置应避让饮用水源二级以上保护区;

2 服务区、停车区应合理布设,充分考虑驾乘人员的需求;

3 对生活污水、废弃物等应进行综合治理;

4 污染防治措施应进行多方案比选;

5 拟分期实施的防污染设施应综合论证并注意近期和远期有机结合;

6 结合区域路网、地形、景观和地域文化等环境进行景观设计。

3.3 设计内容

3.3.1 公路工程可行性研究应重视环境影响分析和地质灾害危险性分析工作。其设计内容如下:

1 通过广泛调查公路沿线的人口结构、经济发展、公共卫生、文化和基础设施、土地和矿产资源、旅游和文物古迹资源等社会环境状况,进行社会环境影响分析;

2 通过全面调查公路沿线野生动植物的种类、保护级别、分布概况、生长习性及演替规律等生态环境和水土保持状况,结合公路工程实际进行生态环境影响分析;

3 依据分段调查公路沿线的城镇、风景旅游区和名胜古迹及有关的环境敏感点分布状况,结合当地地形、地貌特点和既有工业污染源的排放特性进行环境空气影响分析;

4 通过重点调查公路沿线的学校、城乡居民聚居区和医院、疗养院及有关的环境敏感点分布状况,结合公路施工和运营等实际情况进行环境噪声影响分析;

5 通过深入调查公路沿线各种不良工程地质分布状况,结合公路工程涉及范围进行地质灾害危险性评价,编制水土保持方案。

3.3.2 公路工程初步设计应将环境保护要素作为方案比选论证的重要因素,落实环境影响评价文件和水土保持方案中提出的环境保护和水土保持的各项要求,合理确定路线方案。其设计内容如下:

1 依据公路沿线环境敏感点的位置、影响因素和影响范围,选择相应的保护措施和方案;

2 结合当地自然环境,因地制宜地进行公路绿化和景观设计;

3 根据声环境敏感点的性质进行噪声污染防治设计;

4 针对环境影响评价文件提出的环境保护措施和水土保持方案进行环境与公路工程的协调性论证,并落实减少或避免环境侵害的实施方案;

5 根据公路沿线设施的规模及排放标准提出经济合理的污水处理设计方案。

3.3.3 公路工程施工图设计应根据初步设计的审定方案进行环境保护的工程设计,把保护沿线自然环境、维护生态平衡、防治水土流失作为重要因素,在各专业设计中予以考虑和体现。其设计内容如下:

1 根据初步设计提出的环境保护措施和方案,按照公路沿线环境敏感点的特性,进行环境保护设施的施工图设计;

2 完成公路绿化和景观图设计,包括互通式立交和服务区等重点工点的施工图设计;

3 根据声环境敏感点的性质进行声屏障的施工图设计;

4 按照初步设计提出的环境保护措施和水土保持方案进行环境与公路工程的施工图设计;

5 根据初步设计方案进行污水处理施工图设计。

4 社会环境保护

4.1 一般规定

4.1.1 公路选线应体现以人为本，路线方案应征求沿线公众和地方政府意见，并结合当地城乡发展规划、国土规划等规划性文件，通过统筹规划、合理选线，促进沿线经济发展，满足沿线人员便利、安全、舒适出行的需求，实现对沿线社会环境的积极保护。

4.1.2 公路设计应调查、收集公路沿线行政区划、土地利用、基础设施、历史文化遗迹、生态与自然保护区、人文景观等社会环境现状，通过综合分析、论证提出社会环境保护目标及保护方案。

4.1.3 公路设计应了解当地的矿产资源分布和开采情况，尽量绕避露天采矿区；无法绕避时，应与矿产资源开采区保持一定的距离；未经国务院授权的部门批准，不得压覆重要矿床。

4.2 土地利用

4.2.1 公路路线走廊方案选择，应调查当地土地资源情况，进行分类研究，将土地占用情况作为路线走廊方案选择的重要指标，尽量减少占用耕地，注意避让基本农田保护区和主要经济作物区。

4.2.2 公路选线应全面调查沿线土地利用情况，按照农用地、建设用地和未利用土地等不同种类分别统计总体指标和单项指标等用地指标，遵照节约用地和集约利用土地的原则，结合土地利用规划和当地基本农田实际，少占或不占耕地，通过充分比选确定路线位置。

1 公路工程可行性研究阶段应以乡为单位调查统计农用地、建设用地和未利用土地的数量，根据当地人均占地指标估算占地后的失地人数，作为路线走廊带方案比选的指标之一；

2 初步设计阶段应以村为单位调查统计各类用地的数量，公路用地的总体指标和单项指标应满足《公路建设项目用地指标》的要求；

3 施工图设计阶段应计算统计为节约土地设置的结构物数量，确定征用土地的数量和公路用地的单项指标以及土地复垦与利用情况。

4.2.3 公路设计应合理选用技术指标,降低路基高度,农田地区宜设置挡墙、护坡、护脚等防护设施,节约用地。

1 公路工程可行性研究阶段走廊带的选择应调查统计高路堤、深路堑路段和支挡防护设施的数量;

2 初步设计阶段应对采用高路堤、深路堑路段和支挡防护设施与路基进行多方案比选,把节约土地作为方案取舍的重要指标;当路堤高度大于20m时,宜采用桥梁方案;当挖方路中深度大于30m或挖方边坡高度大于1.6倍的路基宽度值时,宜采用隧道方案;

3 施工图设计阶段应进行路线线位优化,确定公路防护工程的结构类型和尺寸,计算统计为少占土地而增设的支挡防护工程的数量。

4.2.4 路基断面形式和防护设施应结合自然地形、土地状况和工程地质特点合理选择,科学确定公路用地规模,合理利用土地,切实保护耕地。

1 应论证确定公路路基横断面、中央分隔带、硬路肩、护坡道的宽度;

2 应论证确定公路缓边坡的设置条件及边坡坡率,并统计放缓边坡占用的土地。

4.2.5 公路工程应结合土地利用规划,重视土石方调配,在技术经济比较的基础上,合理选择取、弃土场位置及取、弃土方式;减少施工和取土坑、弃土场用地;严禁占用基本农田取、弃土。

4.2.6 有条件时宜利用弃方造地以备复垦,或利用弃方造地供作工程设施用地。

4.2.7 土源缺乏或工程需要时,应在技术经济比较的基础上,优先考虑采用工业矿渣、吹(填)砂或粉煤灰等填料填筑路堤,减少取土占地。

4.2.8 施工临时用地应尽量在路线走廊中公路用地范围内布设,结合公路永久用地统筹安排;有条件时,设计中应明确临时用地的恢复方案。

4.2.9 公路工程征用土地宜利用非耕地和废弃地,少占耕地,保护土地资源。

4.3 基础设施

4.3.1 公路选线应与当地的农田水利排灌系统、人工蓄防洪设施的布局与规划相互协调。

4.3.2 路线不宜压占干渠、支渠;压占时应采取工程措施,保持原过水断面面积。跨越干渠、支渠的桥涵,不宜压缩渠道过水断面。

1 公路工程可行性研究阶段应调查统计公路压占干渠、支渠的数量;

2 初步设计阶段应计算统计公路压占干渠、支渠的数量和应采取的处置方案;

3 施工图设计阶段应具体落实公路压占干渠、支渠的相关措施,恢复农田水利、人工蓄行洪设施的功能。

4.3.3 对排灌设施进行合并、调整或改移设计时,不得影响其原有的排灌功能与要求。

4.3.4 公路与已建铁路、航道、电力、电信和输油(气)管道等设施发生交叉或并行时,应注意各种设施的保通措施。

1 公路工程可行性研究阶段应对走廊带通道内的公路与铁路、航道、电力、电信和输油(气)管道等设施的数量进行统计,分析发生交叉或并行的情况,论证走廊选择的合理性;

2 初步设计阶段应分析公路与铁路、航道、电力、电信和输油(气)管道等设施发生交叉或并行的情况,提出应采取的保通处置方案;

3 施工图设计阶段应确定公路与铁路、航道、电力、电信和输油(气)管道等设施发生交叉或并行时的拆迁工程数量,落实各种设施的保通措施。

4.4 拆迁与安置

4.4.1 选定路线方案时,宜绕避村镇和敏感建筑物,避免大规模拆迁生产厂矿或重大水利、电力等设施;无法绕避时,应作保护与拆迁等多方案比较。

4.4.2 对公路沿线两侧必须拆迁的建筑物应进行调查统计,分类登记造册。

1 公路工程可行性研究阶段应将工程拆迁的类型和数量作为路线走廊带选择的依据;

2 初步设计阶段应基本确定工程拆迁和环保拆迁的工程数量,提出宜采取的安置方案;

3 施工图设计阶段应确定拆迁建筑物的数量;拆迁生产厂矿、水利、电力等设施,宜提出拆迁方案意向性协议。

4.4.3 公路征地拆迁应严格执行国家相关法规,按有关标准计列补偿费用,提出征地补偿和安置方式等建议方案。

4.4.4 公路拆迁与安置应作多方调查研究,可征求当地民众与政府意见,结合乡镇建设规划,考虑采取异地集中安置与就地分散安置等不同方案的影响。

4.5 出行与安全

4.5.1 公路选线应注意调查居民聚集区、学校、厂矿等的分布位置,了解人群流向,根据公路等级设置必要的横向通行设施,满足人们出行需要。

4.5.2 设置横向通行构造物时,应根据人员出行数量、出行目的以及路网布局确定其位置、规模与结构形式;对于多路合并后设置的通道,应增设必要的连接道。

1 公路工程可行性研究阶段应调查统计横向通行构造物的数量;

2 初步设计阶段应基本确定路线交叉和横向通行构造物的位置、形式、主要尺寸,并论证出行与安全影响;

3 施工图设计阶段应确定路线交叉和横向通行构造物的位置、结构形式和工程数量。

4.5.3 通道内的排水设计应充分考虑积水对安全通行的影响;位于居民聚集区的跨线桥应设置防落物设施。

4.5.4 公路通过农田区时,应根据具体情况选择横向通行构造物形式与间距,并与渠道、机耕道等农田基本设施相协调。

4.5.5 公路通过牧区时,应考虑放牧转场的需要,并设置必要的设施。

4.6 人文环境

4.6.1 应充分收集公路沿线风景区等资料,并根据风景区的位置和保护级别合理选择路线方案。应优先选择避让方案;无法避让时,路线方案应征得相关行政主管部门批准。对可开发的重要旅游资源,应考虑其与公路的连通性。

4.6.2 应调查收集公路沿线文物分布情况,并根据文物保护区的位置和保护级别合理选择路线方案。公路应绕避古文化遗址、古墓葬、古建筑、石窟寺、石刻、壁画、近代现代重要史迹和代表性建筑等省级以上不可移动文物;无法绕避时,设计方案应根据文物保护的级别,经相应的文物行政部门批准。

1 公路工程可行性研究阶段应进行文物普查,确定文物保护区的位置和保护级别;

2 初步设计阶段应避让不可移动的法定保护文物,合理确定路线方案与相应的对策;

3 施工图设计阶段应确定对有冲突的不可移动文物选择进行挖掘、异地恢复或拆除等措施及相应的工程预算。

4.6.3 公路设计应注意妥善处理与当地有特殊意义的建筑物及自然景点的关系。

4.6.4 服务区、停车区等沿线设施选址宜考虑充分利用自然或人文景点,建(构)筑物风格应与周围环境相协调。高速公路宜考虑设置公共汽车停靠点,方便沿线居民的出行;也可结合服务区等区域或独立设置观景台等休息设施。普通公路宜因地制宜设置停车休息设施及观景台等设施,方便驾乘人员休息。

4.6.5 大型桥梁、互通式立交、隧道洞口等大型构造物应考虑美学效果,其形式、布局等宜与当地环境协调,创造具有独特风格的景观。

5 生态环境保护

5.1 一般规定

5.1.1 公路设计应调查公路沿线区域生态环境特征,分析研究当地野生动、植物习性及生长演替规律;对湿地、沙漠、戈壁、高寒等生态敏感与脆弱地区,应论证确定生态环境保护原则。

5.1.2 当公路对生态环境中的保护对象产生影响时,应结合受保护对象的特性提出保护方案,将不利影响减少到最低程度。

5.2 生物及其栖境的保护

5.2.1 公路中心线距省级(含)以上自然保护区缓冲区的边缘不宜小于100m。当公路必须进入自然保护区时,应遵照国家有关规定执行。

5.2.2 公路通过林地时,应注意保护用地范围内的林木,严格控制林木的砍伐数量,不得砍伐公路用地范围之外不影响行车安全的林木。

1 公路工程可行性研究阶段应调查占用林地的类型和规模;

2 初步设计阶段应基本确定林木的砍伐数量和种类;

3 施工图设计阶段应分别计算统计林木的砍伐数量和种类,对用地范围内可移植或保留的林木应分类统计数量。

5.2.3 公路经过草原草甸时应注意保护腐殖土和地表植被,限制路侧取土;取、弃土场宜选择在地表植被生长差的地方并集中设置,一般宜设置在公路用地界400m以外。

5.2.4 公路应尽可能绕避法定保护湿地;必须穿过时,应选择影响范围小的位置通过,并采用必要的工程措施,避免造成水环境的重大改变。

5.2.5 在有国家或地方重点保护野生动物出没路段,应设置预告、禁止鸣笛等标志,并根据需要为动物横向过路设置通道。

1 公路工程可行性研究阶段应调查珍稀野生动物类别及其习性;

2 初步设计阶段应基本确定重点保护动物类别及其横向过路通道的数量和结构形式；

3 施工图设计阶段应确定动物横向过路通道的数量、位置、结构形式和工程数量。

5.3 水资源、自然水流形态的保护

5.3.1 公路设计应调查和收集公路中心线两侧各200m范围内的地表水资源分布，并调查影响水体的环境功能。

1 公路工程可行性研究阶段应调查公路拟跨越水体的数量；

2 初步设计阶段应基本确定公路拟跨越水体的数量和环境功能及应采取的保护措施；

3 施工图设计阶段应确定公路拟跨越水体的数量、类别和位置，落实保护措施及其工程数量。

5.3.2 路面径流不得直接排入饮用水体和养殖水体。

5.3.3 公路不得占用居民集中地区的饮用水体；当路基边缘距饮用水体小于100m、距离养殖水体小于20m时，应采取绿化带或其他隔离防护措施。

5.3.4 公路在湖泊、水库、湿地等地表径流汇水区通过时，应采取措施防止公路对地表径流的阻隔。

5.3.5 公路经过瀑布上游、温泉区等特殊水体时，应采取有效工程措施进行保护。

5.3.6 在饮用水地下水源保护区内不得设置污染地下水源的渗水构造物。

5.3.7 对自然水流形态应进行保护，做到不淤、不堵、不留工程隐患。

1 公路通过山谷时，应根据山谷宽、深及汇水面积等选择通过方式，有条件时宜优先采用桥梁跨越；

2 对工程废方弃置应做出具体设计，对于临水域的弃渣场，要设置有效的拦挡措施，避免阻塞河道水流或造成水土流失。

6 环境污染防治

6.1 一般规定

6.1.1 公路建设项目应主要防治下列环境污染:

1 公路交通噪声、施工作业噪声对声环境的污染;

2 公路搅拌站(场)的烟尘和施工扬尘、沿线设施内锅炉排污对环境空气的污染;

3 公路沿线设施内的生活污水、施工废水和工程废渣等对水环境的污染;

4 施工中的废弃物对景观环境的污染。

6.1.2 公路环境污染防治应主要针对以下环境敏感点:

1 声环境敏感点:学校、医院、疗养院、城乡居民聚居区和有特殊要求的地区;

2 环境空气敏感点:学校、医院、疗养院、城乡居民聚居区和有特殊要求的地区;

3 水环境敏感点:饮用水源保护区和有特殊要求的水体。

6.1.3 公路环境污染防治设计应符合以下规定:

1 以国家或地方污染物排放标准为设计依据;

2 依据环境影响评价文件确定的防治目标,提出技术经济合理的治理方案;

3 优先考虑调整线位,或利用地形、公路结构物减缓环境影响。

6.1.4 特殊环境问题的环境保护设计应符合以下规定:

1 公路到对交通振动、电磁辐射有特殊要求的环境敏感点以及危险化学品生产装置和储存设施等的距离,应符合国家现行的有关规定;

2 公路经过具有放射性污染源的区域时,环境保护设计应符合国家现行的有关规定。

6.2 声环境污染防治

6.2.1 依据公路建设项目环境影响评价文件,对需要进行防治设计的声环境敏感点应进行降噪综合防治设计,并提出分期实施方案。

6.2.2 交通噪声污染防治措施应根据环境敏感点的性质、位置、规模、当地条件及工程

特点进行工程费用与环境效益分析,综合比较确定。防治对策主要有:

1 调整公路线位;

2 利用工程弃方降噪;

3 建筑物设置隔声设施;

4 设置声屏障;

5 栽植绿化林带;

6 拆迁建筑物或调整其使用功能。

6.2.3 结合工程条件进行技术经济分析,调整公路线位,减缓公路交通噪声影响。

1 线位调整的距离应依据公路建设项目环境影响报告书交通噪声预测结果,参考预测的路边交通噪声级,按距离倍减量 3.0~4.5dB 计算;

2 公路中心线距居民聚居区宜大于 100m,距医院、疗养院、学校宜大于 200m。

6.2.4 利用弃方、固体废弃物进行降噪设计,应对用地的可行性进行分析论证,并注重与景观协调。

1 工程弃方堆筑的高度和长度可参照第 6.2.6 条的规定设计,其边坡坡度应根据当地土质条件、地形、地物等因素确定,堆筑体应保证稳定;

2 采用建筑垃圾或工业废渣等废弃物堆筑时应用土壤包覆,不得外露,并及时绿化;

3 堆筑体表面应绿化,有条件时应在其表面及周围做美化栽植。

6.2.5 环境敏感点规模较小或建筑物高度较大时,可设置建筑物隔声设施,其主要措施有封闭阳台、设置双层窗、封闭外走廊、加设外墙等。

6.2.6 公路距环境敏感点较近、用地受限且环境噪声超标 5dB 以上时,可采用声屏障。声屏障设计应符合以下规定:

1 可参照现行《声屏障声学设计和测量规范》(HJ/T 90)的有关规定;

2 路堤地段声屏障应设在靠近声源处,声屏障内侧距路肩边缘不宜大于 2.0m;路堑地段宜设在靠近坡顶 1.5~2.5m 处;桥梁地段可结合护栏一并设置;

3 声屏障高度不宜超过 5m;当噪声衰减需要声屏障高度超过 5m 时,可将声屏障的上部做成折形或弧形,将端部伸向公路,以增大有效高度;

4 声屏障的外延长度不宜小于受保护对象到声屏障距离的 2 倍;当声屏障长度大于 1km 时,应设紧急疏散口;

5 声屏障材料应具备隔声、高强、低眩、耐久、耐火、耐潮等性能,单位面积质量应大于 $10kg/m^2$;

6 声屏障临近公路一侧的表面应减少对声波、光波的反射,其形式和色彩应与周围环境相协调;

7 声屏障结构设计应做强度计算和抗倾覆稳定性验算。

6.2.7 城镇、风景区附近或有景观要求的路段,宜采用绿化林带。绿化林带设计应符合以下规定:

1 绿化林带应结合自然环境、公路景观、水土保持规划等进行栽植;

2 绿化林带宽度不宜小于10m,长度不应小于环境敏感点沿公路方向的长度,并根据当地自然条件选择枝繁叶茂、生长迅速的常绿树种;乔、灌木应搭配密植,乔木高度不宜低于7.0m,灌木不低于1.5m。

6.2.8 拆迁建筑物或调整其使用功能可作为公路交通噪声污染防治措施的比选方案之一,应通过技术、经济比选和征求业主意见后确定。

6.2.9 公路施工组织设计中应对环境敏感点附近路段施工期间产生强噪声辐射的施工机械作业时间、施工方式等做出规定,施工场界噪声级应符合现行《建筑施工场界噪声限值》(GB 12523)的规定。

6.3 环境空气污染防治

6.3.1 公路宜结合景观绿化设计,选择有吸附或净化能力,且适合当地气候、土壤条件的草木、灌木和乔木栽植绿化林带减轻空气污染。在用地许可时,可种植多层次的绿化林带。

6.3.2 施工期环境空气污染防治应符合以下规定:

1 沥青混合料应集中场站搅拌,其设备污染物排放应符合现行《大气污染物综合排放标准》(GB 16297)的规定;搅拌场站距环境敏感点的距离不宜小于300m,并应设置在当地施工季节最小频率风向的被保护对象的上风侧;

2 石灰、粉煤灰等路用粉状材料宜采用袋装、罐装方式运输,当采用散装方式运输时应采取遮盖措施;该类材料的堆放应有遮盖或适时洒水措施以防止扬尘污染;

3 混合料拌和宜采用集中拌和方式,拌和站距环境敏感点的距离不宜小于200m,并应设置在当地施工季节最小频率风向的被保护对象的上风侧;

4 施工组织设计中应考虑对施工路段及便道适时洒水,减轻扬尘污染。

6.3.3 在公路服务设施和管理设施等沿线设施内安装的锅炉,锅炉选型、燃料种类及烟囱高度应满足相关环境保护的要求,锅炉排放的大气污染物应符合现行《锅炉大气污染物排放标准》(GB 13271)的规定。

6.4 水环境污染防治

6.4.1 公路沿线设施排放的污水和施工期间排放的废水应符合国家和地方有关规定。

6.4.2 公路经过饮用水水源地及对水环境质量有较高要求的水体时，应符合以下规定：

1 公路线位应设置在饮用水水源一级保护区以外；

2 经过饮用水水源保护区时，应在驶入和驶出点设置警示标志牌；

3 在饮用水水源保护区内不得设置沥青混合料及混凝土搅拌站；不得堆放或倾倒任何含有害物质的材料或废弃物；不得在饮用水水源保护区内取土、弃土，破坏土壤植被；

4 经过饮用水水源保护区、执行《地表水环境质量标准》(GB 3838) Ⅰ ~ Ⅱ类标准的水体及《海水水质标准》(GB 3097)中的一类海域时，路面径流雨水排入该类水体之前应设置沉淀池处理；

5 公路桥梁跨越饮用水水源保护区、执行《地表水环境质量标准》(GB 3838) Ⅰ ~ Ⅱ类标准的水体及《海水水质标准》(GB 3097)中的一类海域时，桥面排水宜排至桥梁两端并设置沉淀池处理。

6.4.3 沿线设施污水处理应符合以下规定：

1 沿线设施污水的处理及排放应根据受纳水体的功能确定；

2 沿线设施污水用于农田灌溉时，应符合现行《农田灌溉水质标准》(GB 5084)的规定；当地下水埋藏深度小于1.5m时，不应使用污水灌溉；

3 当沿线设施污水用于回用时，其水质应满足现行《城市污水再生利用　城市杂用水水质》(GB/T 18920)的要求。

6.4.4 施工期生活污水应集中处理达标后排放，用于农田灌溉时应符合6.4.3条的规定。

6.4.5 隧道施工排水、混凝土搅拌站排水及桥梁基础施工中的泥浆等施工废水应经过处理后排放。

7 绿化设计

7.1 一般规定

7.1.1 公路工程应根据自然环境、用地条件,结合水土保持和景观要求,因地制宜进行绿化设计。

7.1.2 公路工程应利用绿化缓解因修建公路给沿线带来的影响,有条件时应结合防护工程进行绿化设计,保护自然环境,改善景观。

7.1.3 公路绿化设计应根据车速与视点不断移动的特点,考虑动态视觉与心理效果,做到尽量与周围景观、自然环境相协调。

1 公路绿化应结合地形、地区的特点,尽量改善环境,协调景观,并注重服务区、管理区、隧道洞口的绿化设计;

2 以保护自然环境为目的的绿化设计,应充分结合地区特性、沿线条件进行;

3 公路绿化不得遮挡交通标志。

7.1.4 公路绿化常用物种应根据气候、土壤、防治污染的要求等立地条件和功能要求进行选择。其要求如下:

1 具有较强的抗污染和净化空气的功能;

2 具有苗期生长快、根系发达、能迅速稳定边坡的能力;

3 易繁殖、移植和管理,抗病虫害能力强;

4 能与附近的植被和景观协调;

5 应充分考虑植物的季相景观效果;

6 尽量采用乡土物种。

7.2 设计要点

7.2.1 公路绿化设计应按保护环境和改善环境等功能要求,全面分析、突出重点,合理选择设计方案。

7.2.2 保护环境绿化应以降噪、防尘、防止水土流失和稳定边坡为重点。其要求如下:

1 位于风沙或多雪等地区的公路沿线,有条件时宜栽植防护林带;

2 公路从学校、医院、疗养院或居民聚居区等环境敏感点附近通过时,宜栽植绿化林带防尘降噪;

3 公路路基、弃土堆、隔声堆筑体等边坡坡面宜及时绿化。

7.2.3 改善环境绿化应以改善视觉环境、有利行车安全为重点。其要求如下:

1 在小半径竖曲线顶部且平面线形左转弯的曲线路段,为诱导视线,宜在平曲线外侧以行植方式栽植中树或高树;

2 在隧道洞口外两端光线明暗变化段,宜栽植高大乔木进行过渡;

3 在中央分隔带、主线与辅道或平行的铁路之间,可栽植常绿灌木、矮树等,以隔断对向车流的眩光;

4 在低填方且没有设护栏的路段或互通式立交出口端部,可栽植一定宽度的密集灌木或矮树,对驶出车辆进行缓冲保护;

5 对公路沿线各种影响视觉景观的物体,宜栽植中低树进行遮蔽;有条件时,公路声屏障宜采用攀缘植物予以绿化或遮蔽;

6 在公路用地边缘的隔离栅内侧,宜栽植刺篱、常绿灌木及攀缘植物等,以防止人或动物进入。

7.2.4 公路绿化应与沿线环境和景观协调,并考虑总体环境效果。

1 公路通过林地、果园时,除因影响视线、妨碍交通或砍伐后有利于获得视线景观者外,应充分保留原有树木;

2 公路通过草原和湿地时,应选择乡土物种进行绿化;

3 公路绿化宜结合当地区域特征,分段栽植不同的树种,但应避免不同树种、不同高度、不同冠形与色彩频繁变换而产生视觉景观的混乱;

4 公路管理养护区、服务区、停车区和互通式立交等区域的绿化设计,应根据总体布局,结合当地自然景观和人文景观,与周围环境相协调。

7.2.5 中央分隔带绿化应与当地的自然和经济条件相适应。其要求如下:

1 绿化植物种类应选择低矮缓生、抗逆性强、耐修剪的植物,有条件时应选择四季常绿的植物;

2 种植单元的长度应根据设计速度和公路等级合理确定;

3 中央分隔带宽度小于或等于3m时,绿化植物宜采用规则式布置;中央分隔带宽度大于3m时,绿化植物宜采用自然式布置。

7.2.6 公路土路肩和土质边沟的绿化宜与当地的自然环境和路基填挖方边坡相协调,以乡土植物为主。浅碟式边沟的绿化应贴近自然。

7.2.7 公路边坡的绿化应综合考虑稳定路基、防止水土流失和美化景观等功能,宜与原地貌融为一体。其要求如下:

1 公路边坡绿化应根据边坡坡度、坡面土质等因素优先选择适宜于本地生长的物种;

2 当路基高度较低并采用浅碟式边沟时,边坡的绿化应与边沟统一考虑;

3 对于挡墙、浆砌护坡、石质边坡等,可通过在其下栽植攀缘植物或在其顶部栽植垂枝藤本植物遮蔽构造物。

7.2.8 取、弃土场的绿化应结合区域自然环境,与当地自然地形相协调,与水土保持设计综合考虑,有条件时优先进行复耕。其要求如下:

1 公路视线之内的取、弃土场绿化,宜在防治水土流失的基础上,结合景观设计要求,选择相应的物种进行立体绿化;

2 公路视线之外的取、弃土场绿化设计,可选用与周围环境相协调的物种进行绿化,重点防治水土流失。

7.2.9 公路用地范围内有特殊意义的植物宜予以保护。

8 水土保持

8.1 一般规定

8.1.1 公路建设项目水土保持应贯彻“水土保持工程与公路主体工程相结合,主体工程与附属工程、临时工程并重,预防为主,综合治理,标本兼治,防治结合”的原则。

8.1.2 水土保持设施应合理布设,因地制宜,注重实效。

8.1.3 公路建设项目水土保持应兼顾施工期和运营期,突出施工期,注重近期与远期相结合。

8.1.4 应重视公路工程取、弃土场的绿化和复垦,弃土场应先挡后弃。

8.2 水土流失防治措施

8.2.1 公路工程的桥梁导流设施、路基路面排水、路基防护、泥石流和滑坡防治、公路绿化、防风固沙和防洪等工程应充分考虑水土保持措施。其设计重点在于:

1 桥台形式和位置的选择不宜压缩河床断面,其导流设施应与河岸自然衔接;

2 路基路面排水设施应系统完善,自成体系,宜远截远送,因势利导;

3 路基防护、泥石流和滑坡防治等宜选择刚性结构与柔性结构相结合,多层防护与生态植被防护相结合的方法,标本兼治,综合治理;

4 公路绿化、防风固沙和防洪等工程宜乔灌草相结合,种植与养护并重,优先选择乡土植物,减少养护成本,注重水土保持实效。

8.2.2 应重视取、弃土场位置的选择。当取、弃土破坏了原有地表植被或改变了原地表自然坡度而形成裸露坡面时,应进行绿化或复垦。其要求如下:

1 取土场宜选择在植被稀疏的丘陵、山包等荒地、荒坡,并应与当地政府协商,确定取土范围和深度;弃土场宜选择在储量大、地形低的洼地,或不易受水流冲刷的荒沟、荒地或低产田地,并分级填筑弃土;

2 取土场宜远离建筑物、管线等生活生产设施,不应影响其安全;取土场可能蓄水或集水时,其位置不应影响路基及周围坡体稳定;

3 不应在基本农田区、林地,以及可能导致地质灾害或路基病害的区域设置取、弃土场;严禁在泥石流沟、滑坡体上缘等位置设置弃土场;

4 取土场不宜设置在桥头引道两侧。

8.2.3 应合理确定取土场的防护措施。对于取土场形成的裸露边坡,应结合工程防护恢复植被;取土场坡脚易受水流冲刷的地方,应采用工程护坡;当取土场边坡高度大于4m,坡度大于1∶1.5时,宜采取削坡开级措施。

8.2.4 取土场的排水工程宜结合取土情况及时布设。其要求如下:

1 当取土场裸露坡面易受到上游水流冲刷时,应在取土场坡顶以外设挡水土埂或截水沟,拦截来水;

2 受坡面集水冲刷的取土场,应根据地形在距最终开采边界以外设置截水沟,拦截坡顶以上集水;

3 位于山坡地的取土场,应在取土场中间平台和坡脚设排水沟,排除坡面径流;

4 施工期应在取土场下游排水沟外侧设置临时拦渣带。

8.2.5 取、弃土结束后,宜及时绿化、覆土造田或考虑其他综合利用。其整治要求如下:

1 取、弃土前,应先将表土集中堆存,待取、弃土结束后,再将表土予以利用;

2 整治或复垦后的取、弃土场,宜根据其土地质量、灌溉条件、气候特征、生产功能及规划情况等合理确定利用方向;农业用地一般覆土30~55cm,林业用地20~45cm,牧业用地15~25cm。

8.2.6 弃土场的拦渣及护坡工程,应根据弃土堆放位置、弃土性质、预计弃土高度等因素合理确定。其要求如下:

1 弃土场坡面防护宜以植物防护为主;

2 在沟道中堆置弃土、弃石、弃渣时,应修建拦渣坝;

3 弃土、弃石、弃渣等堆置物易发生滑塌,或堆置在坡顶及斜坡面时,应修建挡渣墙。

8.2.7 弃土场排水系统应根据弃土场的地形、地质及水文条件,结合沟渠、农田灌溉等设施综合考虑设置,避免水流冲刷土体或改变地面径流条件引起农田、坡地的冲刷。位于沟谷、坡地的弃土场,必须设置完善的排水设施;当弃土场周围有汇流条件时,可采取截、排水措施,将水流引出排泄。

8.2.8 临时工程水土保持措施宜根据当地的自然条件,长远结合、综合考虑。其重点如下:

1 公路施工临时占用的土地,应将表土收集存放,待施工完成后,再将表土回覆原场地表层，进行复垦或绿化；生态环境脆弱或植被恢复困难地区，宜将原地表表层覆盖的植被加以保护和利用；

2　当施工期开挖路堑和填筑路堤的裸露边坡易产生水土流失时，应及时在施工中修筑边沟、截水沟、排水沟等排水工程，局部区域应根据需要设置拦挡设施、沉沙设施或有效的覆盖设施；

3　对于桥梁基础施工过程中产生的泥浆和临时弃渣，应采取临时防护措施；在基桩钻孔位置附近宜设置沉沙池和临时排水沟排除池中积水，沉沙池可根据沉沙量设置单级或多级；对于扩大基础开挖基坑产生的土石，应采用沙包临时拦挡，待完工后用于回填基坑及平整场地，多余的废弃土石应运至弃土场；

4　临时工程开挖边坡的上侧应设置截水沟，下侧应设置排水沟，防止水流冲刷造成水土流失和对下游各类设施产生不利影响；

5　施工结束后应根据当地的自然情况进行土地整治。

9 景观设计

9.1 一般规定

9.1.1 公路景观总体设计应考虑公路景观的动态视觉效果。

9.1.2 公路景观设计应综合考虑路线、构造物、排水防护工程、绿化、沿线设施等各项景观要素,协调路内景观与路外景观,使公路景观与沿线自然、人文景观和谐统一。

9.1.3 根据工程及沿线区域环境特征或行政区划等,可将公路划分为若干景观设计路段。

1 在各景观设计路段中,可选择典型构造物和沿线有特色的景物作为设计重点;公路景观设计应点、线、面兼顾,整体统一,使公路与沿线环境景观相协调;

2 各景观设计路段应充分结合工程和自然景观,特殊构造物宜具有一定的风格,且与地域景观协调一致。

9.1.4 公路上的各种人工构造物的造型与色彩,应考虑景观效果和使用者的视觉感受。

9.1.5 有条件时,可利用各种人工构造物和绿化改善公路景观。

9.2 设计要点

9.2.1 公路景观设计应合理组合路线的平、纵、横面,保证线形流畅、视野开阔;线位方案比选应将环境景观作为考虑因素。

1 在自然景观单一的路段,其线形设计宜以曲线为主,并保持连续;

2 平、竖曲线的线形几何要素宜均衡、协调;

3 深挖方路段宜对路堑与隧道方案的景观效果进行比选、论证;路线跨越山间谷地时,宜对高路堤与高架桥方案的景观效果进行比选、论证;

4 路线沿横坡较陡的山坡布设时,宜对分离式路基、半填半挖与纵向高架桥方案的景观效果进行比选、论证。

9.2.2 对公路沿线有景观价值的孤立大树、独立山丘或建筑等自然景观和人文景观应充分利用，服务区、停车区、观景台的设置宜利用公路沿线景观。

9.2.3 路基边坡宜以自然流畅的缓坡为主，边沟宜选择浅碟式。

9.2.4 有特殊要求的公路，路面色彩和护栏、路缘石的色彩与形状等宜与沿线自然环境景观相协调。

9.2.5 分离式立交、人行天桥等应根据所处的自然环境和人文环境设计，合理确定桥梁形式、色彩和材质以及各部位比例。

9.2.6 有特殊要求的桥梁宜进行景观照明设计。

9.2.7 声屏障应根据所处自然环境和人文环境的不同，通过色彩、材质和造型进行景观设计。

9.2.8 隧道洞口设计应结合地形、地区的自然和人文特点，与周围环境相协调；隧道洞内的照明、通风、标志等附属设施和洞壁内饰设计，应综合考虑景观效果。

9.2.9 互通式立交区设计应从立交的选型、构造物及附属设施色彩、路基边坡坡面和立交区内绿化等方面综合考虑，宜利用原有自然植被，使立交与自然景观有机地结合，并与原有地形、地貌和谐统一。

9.2.10 公路服务区、停车区、管理区、观景台等沿线场区及建（构）筑物，应结合当地的人文环境确定建筑风格，并使建（构）筑物本身各部位比例协调，色彩、材质、形状等与周围自然环境相协调。

9.2.11 公路景观设计应注意防止视觉污染。其要求如下：

1 公路用地范围内设置的景观小品，应注意色彩、造型的协调，避免引起视觉混乱；

2 当公路两侧有影响视觉的场所时，宜采取绿化或工程措施予以遮蔽或改善。

本规范用词说明

为便于在执行本规范条文时区别对待，对要求严格程度不同的用词说明如下：

1　表示很严格，非这样做不可的：正面词采用“必须”；反面词采用“严禁”。

2　表示严格，在正常情况下均应这样做的：正面词采用“应”；反面词采用“不应”或“不得”。

3　表示允许有选择，在条件许可时首先应这样做的：正面词采用“宜”；反面词采用“不宜”。

4　表示允许有选择，正面词采用“可”。

附件

《公路环境保护设计规范》

（JTG B04—2010）

条 文 说 明

1 总则

1.0.1 可持续发展是指导我国中长期发展的战略措施。环境保护是可持续发展的重要内容,是我国的一项基本国策。我国公路建设项目的设计和施工,历来十分重视对自然环境的保护工作,特别是在公路选线、确定桥梁和隧道位置、综合排水、防止水土流失等方面积累了丰富的经验。为消除和减轻公路建设对环境的负面影响,公路工程建设项目必须从设计阶段开始重视环境保护工作,促进公路交通环境的可持续发展。因此,在总结我国已建公路环境保护设计经验的基础上,有必要研究确定环境保护设计原则、内容和设计标准,故制定本规范。

1.0.3 高速公路、一级公路路线平、纵面指标较高,容易与自然环境产生某种程度的干扰或造成社会环境、自然环境的改变;二级公路是我国的干线公路之一,在我国公路网中占有较大的比重。因此,从保护环境和可持续发展的角度出发,本规范适用于所有新建和改(扩)建的公路工程,而高速公路、一级公路和二级公路则必须在主体工程设计的同时进行环境保护设计,并应重视二级公路环保设施的配套设计,二级公路的休息、加油等设施应与其功能和规模相互配套。

有特殊要求的公路是指从风景名胜区、自然保护区等区域内经过的公路,因对自然景观与生态环境保护等有特殊要求,故应根据所经地带的特征和要求进行环境保护设计。

1.0.4 “安全、环保、舒适、和谐”是公路工程设计的基本理念。树立和落实全面、协调、可持续的科学发展观,努力实现人与自然的和谐相处,经济、社会、环境的均衡发展是我国现代化建设中的一个重大战略,也是公路环境保护设计的指导思想。考虑到我国许多地方(尤其是西部地区)生态环境脆弱,一旦破坏将难以恢复,因此,公路环境保护设计应转变观念,首先考虑保护和预防,要树立保护优先、预防为主、不破坏就是最大的保护等环保观念,在工程设计开始阶段即从主观上考虑环境保护问题,通过设计上的努力,避免引起环境破坏和污染,达到最小程度地破坏、最大限度地恢复和保护环境的目的。防治结合、综合治理是当今环境保护新技术、新材料的发展趋势,也是最经济有效的环境保护措施。

新建、改(扩)建项目和技术改造项目以及区域性开发建设项目的污染治理设施必须与主体工程同时设计、同时施工、同时投产的制度(“三同时”制度),是在我国社会主义制度和建设经验的基础上提出来的,是行之有效的环境管理制度。1989 年,《中华人民共和国环境保护法》对“三同时”制度从法律上加以确认;随后,为确保“三同时”制度的有效执行,国家又制定了一系列的行政法令和规章。如1986年3月26日由国务院环保委员会、国家计委、国家经委联合下达的《建设项目环境保护管理办法》,进一步把“三同时”制度具体化,并纳入基本建设程序;2003年5月13日,交通部发布了《交通建设项目环境保护管理办法》,自2003年6月1日起施行,其中第十六条提出“交通建设项目需要配套建设的环境保护工程,必须与主体工程同时设计、同时施工、同时投入使用。”因此,公路环境保护设计必须贯彻“三同时”制度。

公路工程线长面广,对环境的影响自然不可忽视,必须贯彻落实我国的环境保护指导方针。公路工程设计应妥善处理好主体工程与环保措施间的关系,尽可能从路线方案、指标的运用上合理取舍,而不过多地依赖环境保护设施来弥补。当公路工程对局部环境造成较大影响时,应进行主体工程方案与采取环保措施间的多方案比选。

1.0.5 水土保持方案是开发建设项目总体设计的重要组成部分,是设计和实施水土保持措施的技术依据。凡从事有可能造成水土流失的开发建设单位和个人,必须在项目可行性研究阶段编报水土保持方案,并根据批准的水土保持方案进行前期勘测设计工作。《开发建设项目水土保持方案管理办法》第二条规定:在山区、丘陵区、风沙区修建铁路、公路、水工程、开办矿山企业、电力企业和其他大中型工业企业,其建设项目环境影响报告书中必须有水土保持方案。

1.0.6 公路环境保护设施主要指为降低交通噪声而设置的声屏障,管理、服务区中污水处理池,道路及桥面的路面水净化处理池,隧道通风、除尘设施等,其设计应根据预测交通量分析确定。《公路工程技术标准》(JTG B01—2003)规定了各级公路设计交通量预测年限。随着交通量的增长及公路使用时间的推移,公路改建或设施的维修更新是十分必要的。因此公路环境保护设施的设计交通量预测年限应与公路设计交通量预测年限一致。

在建设资金不足的情况下,分期修建是加快公路建设的有效途径,尤其是在我国西部,可以在较短的时间内增加公路通车里程,逐步解决通达深度不足的问题;但分期修建也存在着诸多技术难题不易解决,如土地征用、建设资金的筹措、后续工程的衔接、运营管理等。因此,分期修建在今后很长一段时间仍是个值得深入研究的问题。我们应该根据本地区具体建设项目的实际情况,因地制宜,“统一规划、分期实施”,确定切实可行的建设方案。

1.0.7 从沈大高速公路、沪宁和京津塘高速公路的改(扩)建工程开始,高速公路、一级和二级公路的改(扩)建工程就在我国拉开了序幕。我国等级公路改(扩)建工程的环保设计已成为公路建设的新课题。根据沈大和沪宁高速公路等改(扩)建工程的实践,对原有工程的环境保护设计进行评价;对拆除的桥梁混凝土、路面材料等提出再生利用方案;对于互通立交、分离立交(通道)等跨线构造物,提出不中断交通的施工方案,应是高速公路改(扩)建工程环保设计的主要内容之一。

1.0.8 公路建设项目环境保护设计投资划分原则系依据《建设项目环境保护设计规定》制定，采用了《公路交通行业环境保护投资界定》课题研究的成果，其中绿化工程投资除包括公路边坡、中央分隔带、立交桥、管理处、收费站、服务区等处的绿化费用外，还应包含为补偿因道路建设所占原有绿地而在道路用地范围以外建设的绿化工程等的费用，如取、弃土场植被恢复与防护措施等；噪声污染治理工程投资包括声屏障(含环境设施带)、围墙、封闭外廊、隔声窗、防噪林带等的费用；污水处理工程设施投资指生活服务区、收费站、管理处等污水处理设施的费用；环境空气污染治理工程投资包括尾气检查设备、收费亭强制通风设备、防护林带等的费用；水土保持工程投资包括公路施工取、弃土场和临时工程水土保持措施的费用；其他工程投资包括施工期生产和生活废水处置，对湿地、草原、草场的保护工程或置换工程，经过水源地采取的特殊防护工程，对被破坏的农田水利的恢复，公路经自然保护区所采取的特殊工程措施，保护沿线土地资源措施，取弃土(石)场所、临时占用地生态恢复等的费用。公路设计主体工程设施(如桥涵等)、防护工程设施(如挡土墙等)等多兼有环境保护功能，与环境保护要求一致，但从我国公路设计的实际情况出发，均计入主体工程投资中。本规范规定的为防治污染和保护环境所设工程设施系指以环境保护和水土保持功能为主的设施，如动物通道、净化池、拦渣堤(坝)等，其所发生的费用为环境保护设计投资。对此，在公路设计总说明书中应做出规定，并从概(预)算表中摘出环境保护投资项目与资金，汇总列表说明，以便设计、审查及建设管理单位掌握环保投资的基本情况。

1.0.9 我国现行的与环境保护有关的标准有环境质量标准、地面水环境质量标准和噪声标准等。环境质量标准是基于环境基准，结合社会经济、技术能力制定的控制环境中各类污染物质浓度水平的限值。我国的空气环境质量标准分为三级，一般以二级标准评价环境质量，即二氧化硫每立方米空气中不超过60μg，氮氧化物不超过100μg，总悬浮颗粒物不超过300μg。

地面水环境质量标准分为五类：Ⅰ类水质主要适用于源头水和国家级自然保护区；Ⅱ类水质适用于集中式生活饮用水水源地以及保护区、珍贵鱼类保护区、鱼虾产卵场等；Ⅲ类水质适用于集中式生活饮用水水源地二级保护区、一般鱼类保护区及游泳区；Ⅳ类水质适用于一般工业保护区及人体非直接接触的娱乐用水区；Ⅴ类水质适用于农业用水区及一般景观要求水域；超过Ⅴ类水质标准的水体基本上已无使用功能。通常以Ⅲ类水质标准评价地面水环境质量。

噪声标准将城市区域分为五类功能区，昼间标准值分别为：0类(需特别安静区)50dB；1类(居住、文教区)55dB；2类(居住、商业、工业混杂区)60dB；3类(工业区)65dB；4a类(城市交通干线两侧)70dB。

此外，我国还制定有《海水水质标准》(GB 3097)、《地下水质量标准》(GB/T 14848)、《城市区域环境振动标准》(GB 10070)等环境质量标准及多种污染物排放标准。排放标准是我国在水污染物的排放管理，建设项目的环境影响评价，建设项目环境保护设施设计、竣工验收及其投产后的排放管理的主要依据之一，因此，公路工程环境保护设计除应符合我国现行的质量标准外，还应符合有关的排放标准。

3 总体设计

3.1 一般规定

3.1.1 公路环境保护设计不是一个独立的专业设计问题,它与公路各专业勘测设计密不可分。环境保护设计的许多具体措施不可能脱离主体工程设计对环境保护观念的落实,同时对主体工程的设计又要求从环境保护角度考虑方案与对策。为使环境保护设计与公路主体工程设计、环境保护措施与工程措施间关系协调,以最少的环境保护投入达到理想的环境保护效果,在公路设计中必须进行环境保护总体方案设计。

环境保护总体方案与公路沿线农业生产、城镇分布、自然及人文景观、社会经济发展水平等环境特征相关,还与地形、地貌、公路等级、工程投资规模等建设条件相关。环境保护总体方案设计应综合分析上述因素,在主体工程设计的同时做出切合实际的安排,重点在于设计观念的更新和设计指导思想的提升。

3.1.2 公路环境敏感点调查是公路环境保护设计的基础工作。工程实践表明,基础资料调查深度不够是导致设计变更的主要原因之一。因此,公路环境保护设计应进一步加强有关环境敏感点的调查工作。

3.1.3 环境质量标准是指国家颁布的环境保护质量标准,如《大气环境质量标准》(GB 3095)、《地表水环境质量标准》(GB 3838)等。技术指标是指设计人员针对所确定的环境保护总体设计原则量化的某些设计指标,如线位距环境敏感点的最小距离、乡村地区通道一般间距、路基填挖控制高度等。公路工程贴近自然、景观协调的设计理念已经被我国公路行业普遍认可,近年来也涌现出许多典型工程,丰富和充实了本规范修订内容。当然,公路环保设施追求"高标准"而导致维护费用昂贵的现象也时有发生,比如,选择名贵花草树种,在缺水的地方搞滴灌等。因此,便于养护应该成为公路环保设计要考虑的主要因素之一。

3.1.4 公路建设要以生态环境保护为核心,最大限度地减少对生态环境的破坏,突出与自然相协调、节约用地、保持社会环境协调发展等是公路环境保护的新理念,公路环境保护总体设计要充分体现这些新理念。

3.1.5 根据《公路工程技术标准》(JTG B01—2003)的规定,公路分期修建必须遵守统筹规划、总体设计、分期实施的原则,使前期工程在后期仍能充分利用。环境保护设施分期修建也应遵照执行,在总体设计中考虑预留远期设置位置及技术条件。

3.2 设计要点

按照公路环境保护设计所确定的预防为主、保护优先、防治结合、综合治理的设计原则,公路设计应在如何防止公路建设带来环境负面影响以及如何改善环境上思考一些问题。设计要点主要是贯彻环境保护设计理念,提出预防为主、保护优先是设计理念的转变,因此在公路设计中应从环境保护的角度,站在总体设计的高度上提出环境保护设计所考虑的对象,有的放矢。

本规范按公路总体设计、公路选线、路基路面、桥梁涵洞、互通式立交、隧道、服务区管理设施等专业设计,以及施工组织设计等方面提出本节设计规定,以体现公路设计各环节环境保护设计要点。通过实际工程的调研,本次修订吸收了我国已建公路的成熟经验,对设计要点进行了细化,融入了近年来我国公路环境保护设计的理念。具体设计过程中,设计人员还应分析研究所设计项目的实际情况及要求,并注意二级公路的设施配套问题,突出环境保护设计的重点及特色。

公路是一个具有线性特征的工程,纵向跨度大。公路设计的关键是路线方案选择和路线平纵指标的掌握。路线方案选择受到多种因素的影响,以往较注重工程本身,如长度、工程量、投资等方面。从全面、协调、可持续的科学发展观的角度考虑,还应强调安全、环保、社会等因素。路线方案选择,除应做到地形选线、地质选线外,还应做到安全选线、环保选线。应选择有利于环境保护或对环境影响小的方案;应选择纵坡平缓、线形均衡、行车安全的方案;应选择少占耕地,有利于社会协调发展的方案。应充分重视公路自身线形的协调、公路线形与结构物的协调和公路线形与环境的协调。

在地形复杂的山区,路基填挖工程量和填方高度、挖方深度、挖方边坡高度等,直接关系到工程安全、工程投资和环保景观,应对其进行合理的控制。通过多项公路工程的实际调研,我们建议对高度大于20m的填方宜改用桥梁;挖方深度(路中)大于30m或挖方边坡高度大于1.6倍的路基宽度值时宜改用隧道,但更要考虑桥隧方案与填挖方案的经济、技术和环境分析。

3.3 设计内容

公路工程可行性研究是我国公路建设投资管理的基本程序,是保证公路建设前期工作在项目管理方面达到项目选择准确、方案科学、工期合理、投资可控、效益显著的重要环节,其目的就是通过对所有与拟建项目的投资效果有关因素的综合研究分析,避免或减少公路建设项目投资决策的盲目性,提高建设投资的综合效益。公路工程可行性研究的内容较多,其中进行环境影响和地质灾害危险性评价、编制水土保持方案是工程可行性研究阶段环境保护工作的重点,对于具体项目还应具体分析、突出重点。

公路工程初步设计是两阶段设计的第一阶段,是公路工程设计的基本程序之一,其任务就是根据批准的设计任务书的要求拟定修建原则,选定设计方案,计算主要工程量,提出施工方案意见,编制设计概算等。其中路线走廊的选择和总体方案比选论证与环境保护密切相关,针对环境影响评价文件提出的环境保护措施和水土保持方案进行环境与公路工程的协调性论证是初步设计阶段环境保护工作的重点之一。

公路工程施工图设计的目的是根据初步设计审定意见,进一步对所审定的设计原则和方案加以具体和深化,最终确定各项工程数量和设计图表,并编制施工图预算。环境保护的设计内容也是初步设计的进一步细化和加深。

4 社会环境保护

4.1 一般规定

4.1.1 公路建设与公众利益息息相关,必须尊重公私财产和公众权益。应通过适当的公众参与方式,争取实现公众利益最大化,通过统筹规划、合理选线和积极补偿来实现经济效益、社会效益和环境效益三者的统一。

4.1.2 本规范所涉及的社会环境是指公路沿线范围内,人类在自然环境基础上,经过长期有意识的社会劳动所创造的人工环境。公路建设对国民经济发展和人民生活改善起着重要作用,在加速物资流通和促进人们交通便利的同时,公路建设也带来如占用耕地、砍伐森林、调整水利设施、拆迁建筑物、居民再安置、区划分割等社会环境问题。因此,应认真做好相关的调查工作,并确定保护目标和保护方案,减少不利影响,避免重大的环境损失。

4.2 土地利用

4.2.1 土地通常指由地形、土壤、植被以及水文、气候等自然要素组成的自然综合体,是农业生产最基本的生产资料,是人类生产、建设和生活不可缺少的物质条件,是民生之本。十分珍惜、合理利用土地和切实保护耕地是我国的一项基本国策。随着交通事业的发展,公路建设不可避免要占用一定数量的土地,但我们必须坚持珍惜土地、保护土地的原则,实行最严格的土地管理制度,遵照《中华人民共和国土地管理法》的有关规定,加强土地管理,合理使用、保护土地资源。

国家编制土地利用总体规划,规定土地用途,将土地分为农用地、建设用地和未利用地。严格限制农用地转为建设用地,控制建设用地总量,对耕地实行特殊保护。

农用地是指直接用于农业生产的土地,包括耕地、林地、草地、农田水利用地、养殖水面等;建设用地是指建造建筑物、构筑物的土地,包括城乡住宅和公共设施用地、工矿用地、交通水利设施用地、旅游用地、军事设施用地等;未利用地是指农用地和建设用地以外的土地。

耕地属于农用地的范围,是农用地中的一种;基本农田属于耕地的范围,但并不是所有的耕地都是基本农田,一般说,只有那些划入基本农田保护区的耕地才属于基本农田。

《基本农田保护条例》中规定“基本农田是指按照一定时期人口和社会经济发展对农

产品的需求,依据土地利用总体规划确定的不得占用的耕地,基本农田保护区是指为对基本农田实行特殊保护而依据土地利用总体规划和依照法定程序确定的特定保护区域。”《基本农田保护条例》第三章第十五条明确规定“基本农田保护区经依法划定后,任何单位和个人不得改变或者占用。国家能源、交通、水利、军事设施等重点建设项目选址确实无法避开基本农田保护区,需要占用基本农田,涉及农用地转用或者征用土地的,必须经国务院批准。”根据上述规定,对一般农田和基本农田保护区的管理要求是不同的,在公路选线过程中必须注意避让基本农田保护区。

土地利用调查范围为路线走廊内2~5km范围。国土规划土地利用规划宜采用路线直接经过的乡镇级规划。

为避免集中征地导致当地农民完全失地而产生的一系列社会问题,在高速公路交汇区域及大型互通式立交区选址时,应避免集中征用同一村组农民全部土地的情况。

4.2.2 合理利用土地的实现方式应根据当地的土地利用规划和土地适宜性,公路建设宜占用荒芜、贫瘠或难以利用的土地,对湿地、基本农田保护区等受国家法规保护的土地应注意减少占用;路基断面形式和防护设施对公路占用土地具有重要影响,设计中除应考虑自然地形和工程地质特点外,还应结合土地状况合理选择;失地人数、占地类型及数量,应纳入方案比选的指标。

4.2.8 临时用地的恢复是指公路临时用地在施工完成后可根据需要确定为农用地、宅基地、交通用地等多种用地形式,而不仅仅局限用于种植。恢复方案应确定恢复的方式,并列明相应的费用。

4.3 基础设施

4.3.1 公路通过农田区必然会同原有农田水利灌溉系统发生干扰,应详细调查所有农田水利规划布局及现状,选线时应尽可能地将影响减少到最小程度。

4.3.4 公路与铁路、航道、电力、电信、输油(气)管道等基础设施发生干扰时,应编制改造方案及费用,确保其能保证最低使用要求。公路施工影响现有道路交通问题已愈来愈需要引起重视,应通过修建临时便道、设置指路牌、交通管制等措施保障现有交通不中断和人员安全。

4.4 拆迁与安置

4.4.1 本条款所指必须拆迁的建筑物包括公路工程征地范围内的拆迁建筑物,也包括根据公路环境污染状况确定需要进行环保拆迁的建筑物。

4.4.3 当占用和拆迁房舍时,应慎重从事,按国家及当地政府制定的有关规定执行。调查中应特别注重安置政策与费用方面的内容。征地是一项政策性很强的工作,应严格依法办事,以人为本,保护受影响人群的利益。

4.5 出行与安全

4.5.1 选线时应全面了解沿线人流与物流的流向、流量和人员出行规律。修建全封闭的高速公路和一级公路时,应合理确定横向通道的位置与间隔,尽量减少对居民正常往来、农业耕作、水资源利用等各种不利影响。其他等级公路可设置斑马线、减速墩、信号灯等必要的交通控制设施。

4.5.2 公路通过居民密集区时,应充分考虑居民出行与交往、学生上学、职工上下班的需要,通道设置数量宜适当增加;对暂时无通行要求,但规划为开发区域的路段,应考虑发展要求,预增设横向交通构造物或加大通行通道净空或净宽。

4.5.4 路线通过农田耕作区时,应结合当地农业耕作特点及对横向构造物净空高度的要求,确定下穿或上跨等形式,或结合现有公路网布局,论证确定在一定范围内具有满足较高净空要求的横向构造物。

4.5.5 放牧区人烟稀少时,全封闭公路的通道数量可相应减少,但应满足牲畜转场的需要。供放牧转场的通道以下穿方式为宜。

4.6 人文景观

4.6.2 受省级以上保护的国家文物如下:

(1)具有历史艺术、科学价值的古文化遗址、古墓群、古建筑物、石窟和石刻;

(2)与重大历史事件、革命运动和著名人物有关的具有重要纪念意义、教育意义和史料价值的建筑物、遗址、纪念物;

(3)历史上各时代珍贵的艺术品、工艺美术品;

(4)重要的革命文献资料以及具有历史、艺术、科学价值的手稿、古旧图书资料;

(5)反映历史上各时代、各民族社会制度、社会生产、社会生活的代表实物,具有科学研究价值的古脊椎动物化石、古人类化石。

4.6.4 风景名胜区等具有独特的自然风貌和人文景观,是发展旅游事业的重要条件。公路沿线设施选址宜充分利用这些天然景点。服务区、停车场的建(构)筑物应与周围环境相协调,并可通过房屋的造型设计,配合绿化、雕塑等设施方式,给公路沿线环境设计增添新的景观。

5 生态环境保护

5.1 一般规定

5.1.1 《环境影响评价技术导则——非污染生态影响》(HJ/T 19—1997)中对交通运输建设项目生态环境影响评价范围规定为路线中轴线两边300~500m,故本规范建议生态环境的设计范围为公路中心线两侧各300m范围内的自然保护区、水源保护地、基本农田保护区、森林、草原、湿地和野生生物及其栖息地等。自然保护区、水源保护区、湿地系指国家有关行政主管部门明文划定的且规定有相应的范围、级别的区域。野生生物主要指《国家保护植物名录》中的植物与《国家重点保护野生动物名录》中的动物。

生态环境保护的目的是为了维护人与自然和谐协调的关系,保持人们良好的生存环境;为了自然资源的恢复扩展,自然再生产永续进行,从而保障经济再生产的自然物质基础丰富、充裕、不致枯竭;满足人们对良好的自然景观、舒适的生态环境日益增长的需求。生态环境保护是一项非常复杂的系统工程。我国地域广袤,地区差异悬殊,把握不同地区生态环境特征,分析研究不同地区动、植物习性及生长演替规律,结合生态资源容量的动态规律,因地制宜地提出符合自然规律的生态环境保护原则是公路生态环境保护设计的关键问题。

5.1.2 对生态环境提出保护方案主要指植物防护或工程防护方案,如尽量减少对原有地表植被的破坏,减少工程的开挖面与覆盖面,设置绿化带,将地面径流引出或筑砌挡墙、排水沟、改路堤为桥梁等。

5.2 生物及其栖境的保护

5.2.1 《中华人民共和国自然保护区条例》第三十二条规定"在自然保护区的核心区和缓冲区内,不得建设任何生产设施。在自然保护区的实验区内,不得建设污染环境、破坏资源或者景观的生产设施;建设其他项目,其污染物排放不得超过国家和地方规定的污染物排放标准。"公路中心线距省级(含)以上自然保护区边缘不宜小于100m是根据对公路建设项目进行环境影响评价时,预测环境空气、交通噪声以及生态环境影响的范围大多在距路中心线100m之内而确定的。

5.2.3 地表腐殖土是植物赖以生存的条件,是一种有限的自然资源,经过上万年的物理化学作用才能形成。工程实践证明,在公路建设中先将腐殖土挖移并保护,工后回填绿化,是恢复生态环境十分迅速、经济、有效的方法。

5.2.4 《关于特别是作为水禽栖息地的国际重要湿地公约》指出:“湿地系指不问其为天然或人工、常久或暂时的沼泽地、湿原、泥炭地或水域地带,带有或静止或流动的淡水、半咸水或咸水水体者,包括低潮时水深不超过6m的水域”。在生态环境中湿地是重要的保护目标之一,世界上发达国家对湿地的保护相当重视。施工废料及路面径流中的有害物质若排入湿地将会污染其环境,所以应采取措施将其排放于湿地之外,避免改变湿地环境。对于必须穿越的湿地,应尽可能采取桥梁方案通过。通过水域部分必须建桥或设置涵管,其他湿地范围内路段间隔一定距离必须设置涵管,以确保其水流沟通。对具有重要水源涵养功能的湿地,公路穿越时还应考虑设置必要的防范危险化学品运输事故影响环境的措施。

5.2.5 当公路通过陆生、水生野生生物栖息水域时,应对采用的工程方案与施工工艺进行必要的论证;在设计时,应根据动物的活动特性及其环境特征,设计兽道。公路动物调查主要侧重于珍稀动物栖息地和迁徙路线的调查,并主要采用林业部门等提供的资料。必要时,可以委托专业人员对法定保护野生动物种群及分布进行实地调查。调查一般可采取样地或样线调查方法,对动物足迹、粪便、个体等进行鉴定及统计。

5.3 水资源、自然水流形态的保护

5.3.1 水资源包括地表水和地下水。地表水是指海洋、江、河、湖泊、水库等水域。水体的使用功能是指如生活饮用水、渔业养殖水、农田灌溉水等。同一水域兼有几种功能时,应按最高功能确定其类别。

5.3.2 公路投入运营后,由于车辆在运营过程中可能会滴漏的油类物质,轮胎与路面摩擦会产生的橡胶微粒,车辆排放废气中的颗粒物质,运输货物中飞扬的微粒物质等,均可能在路面上形成不同程度的积聚,而这些物质会随降水而形成路面径流。由于生活饮用水和水产养殖水的水质要求高,因此,带有污染物质的路面径流不得直接排入这类水体。

5.3.7 在饮用水的地下水水源保护区内设置渗水构造物时,可能使路面径流等渗入生活饮用水的地下水源,因此,应对设置的排水沟造物进行防渗处理。

5.3.8 废方弃置设计是指对弃方堆放的地理位置、堆放范围、堆放形状以及堆放表面的处置,如绿化覆盖、梯形码砌等设计。有条件时可将废方堆放在路基侧,使之形成不低于路基的土堤,并在其上进行绿化栽植,进而产生降低交通噪声污染等环境效益。

6 环境污染防治

6.1 一般规定

6.1.3 公路建设项目环境影响评价文件是指已被环境保护主管部门批复的、拟进行环境保护设计的公路建设项目的环境影响报告书等相关资料。

6.1.4 对交通振动、电磁辐射有特殊要求的环境敏感点是指天文台、地震观象台、通信网点等。危险化学品是指列入国家标准《危险货物品名表》(GB 12268)中的化学物品,包括爆炸品、压缩气体和液化气体、易燃液体、易燃固体、自燃物品和遇湿易燃物品、氧化剂和有机过氧化物、有毒品和腐蚀品等。《危险化学品安全管理条例》第十条规定“除运输工具加油站、加气站外,危险化学品的生产装置和储存数量构成重大危险源的储存设施,与下列场所、区域的距离必须符合国家标准或者国家有关规定:①居民区、商业中心、公园等人口密集区域;②学校、医院、影剧院、体育场(馆)等公共设施;③供水水源、水厂及水源保护区;④车站、码头(按照国家规定,经批准,专门从事危险化学品装卸作业的除外)、机场以及公路、铁路、水路交通干线、地铁风亭及出入口”等。所以,公路选线时,为防止危险化学品生产装置和储存设施与公路交通的相互影响,其距离应符合国家现行有关标准的规定,如《硫酸厂卫生防护距离标准》(GB 11663)、《黄磷厂卫生防护距离标准》(GB 11656)等。

公路经过具有放射性污染源的区域时,环境保护设计应符合国家现行有关标准的规定,如《放射卫生防护基本标准》(GB 4792)、《辐射防护规定》(GB 8703)等。

6.2 声环境污染防治

6.2.1 当进行噪声综合防治设计时,如果项目最新设计文件或实际工程的路线位置与项目环境影响评价文件所参考的设计文件的路线位置相同,则可依据公路建设项目环境影响评价文件所提出的需要进行噪声防治的声环境敏感点进行噪声综合防治设计;如果项目最新设计文件或实际工程的路线位置与项目环境影响报告书所参考的设计文件的路线位置有变化,则应根据项目最新设计文件或实际工程的路线位置复核声环境敏感点与路线的距离及环境噪声值和超标情况,重新确定需要进行噪声防治的声环境敏感点。

6.2.2 公路交通噪声的防治应采用“主动式”防治,综合考虑公路线位,以避绕声环境敏感点为最佳措施。公路交通噪声防治措施环境效益分析是指采取的环保设施工程费用(包括运转费用)与环保设施所取得的效益(社会、经济、环境效益)之间的比较、分析。公路交通噪声防治设计应针对声环境敏感点的状况,采取技术、经济合理的措施。对于那些规模较小的学校等声环境敏感点,搬迁新建亦不失为可行的措施。

6.2.3 公路交通噪声级的距离倍减量与当地地表性质有关,当地表为一般耕作土壤时为4.5 dB,当地表为水泥等硬性地面时为3.0dB,因此,实际距离倍减量可按地表性质取3.0~4.5 dB。

《声环境质量标准》(GB 3096—2008)中规定的各类区域的环境噪声值如下:

0类区:昼间50dB,夜间40dB;

1类区:昼间55dB,夜间45dB;

2类区:昼间60dB,夜间50dB;

3类区:昼间65dB,夜间55dB;

4a类区:昼间70dB,夜间55dB。

国家环境保护部《关于公路、铁路(含轻轨)等建设项目环境影响评价中环境噪声有关问题的通知》(环发[2003]94号)中规定,在已划分声环境功能区的城市区域,其评价范围内应按《声环境质量标准》(GB 3096)执行,未划分声环境功能区的城市区域,由县级以上地方人民政府确认其功能区和应执行的标准。公路、铁路(含轻轨)通过的乡村生活区域,其区域声环境功能由县级以上地方人民政府参照《声环境质量标准》(GB 3096)和《城市区域环境噪声适用区划分技术规范》(GB /T 15190),确定用地边界外合理的噪声防护距离。评价范围内的学校、医院(疗养院、敬老院)等特殊敏感建筑,其室外昼间按60dB、夜间按50dB执行。

根据现有公路交通噪声实测结果和我国公路建设项目环境影响评价文件中交通噪声预测的普遍结果,公路中心线距城乡居民居住区大于100m,距学校、医院、疗养院大于200m时,昼间公路交通噪声级能符合环境噪声标准值(分别为$L_{Aeq}=70$dB,$L_{Aeq}=60$dB)的要求,夜间基本上也能符合环境噪声标准值(分别为$L_{Aeq}=55$dB,$L_{Aeq}=50$dB)的要求。所以,本规范规定:公路中心线距声环境敏感点宜大于100m,距医院、疗养院、学校宜大于200m。

6.2.4 建筑声屏障与堆筑工程弃方(或建筑垃圾、工业废渣等)相比,在公路用地许可且能就地取材时,应首选堆筑工程弃方方案。堆筑工程弃方在公路外侧形成高堤(又称假挖方),不但降噪效果好,而且给公路沿线增加了多变的地貌。堆筑工程弃方时,对于堆筑体的形式、尺寸、稳定性及表面处治等应作专项设计。当堆筑高度较高时,其表面可用铁丝网、竹编网、混凝土砌块等护面,并及时实施绿化栽植。

6.2.5 对建筑物采取隔声设施是为了降低室内噪声,使室内达到允许噪声级。住宅、学校、医院等部分室内允许噪声级见表6-1。

表6-1 部分室内允许噪声级

建筑类别	房间名称	允许噪声级(dB)		
		较高标准	一般标准	最低限
民宅建筑	卧室、书房	40	45	50
	起居室	45	50	50
学校建筑	有特殊安静要求的房间	40		
	普通教室		50	
	无特殊安静要求的房间			55
医院建筑	病房	40	45	50
	门诊室	55	55	60
	手术室	45	45	50
宾馆建筑	客房	40	45	55
	会议室、多功能大厅	40	45	50
	办公室	45	50	55
	宴会厅	50	55	60

注:表中允许噪声级摘自《民用建筑隔声设计规范》(GBJ 118—1988)。

建筑物隔声设施的隔声设计要求在《民用建筑隔声设计规范》(GBJ 118—1988)中有详细规定,可参考执行。

6.2.6 声屏障的位置应根据受保护对象与声源之间的地形条件综合确定。一般情况下,当地形平坦,受保护对象与声源处于同一高度时,声屏障越接近声源或接受点,其噪声衰减量越大。通常将声屏障建于公路路侧,为了行车安全,声屏障与公路应保持一定的距离。该距离依路基结构不同而异,高架桥路段一般将声屏障设在防撞护栏上;郊区公路则设在路肩外,一般距路边缘不大于2.0m;路堑结构时宜设置在上边坡坡顶附近,距离可根据降噪要求和边坡地质情况及其稳定性综合确定,通常为边坡坡顶外1.5~2.5m处。

声屏障的插入损失为声屏障建造前后同一接收点的噪声级之差。假设被保护敏感点的环境噪声级为L_p,环境噪声标准值为L_s,则声屏障的插入损失(I_L)应满足$I_L \geq L_p - L_s$。

声屏障的插入损失(I_L)可由下式确定:

$$I_L = \Delta L_d - \Delta L_t - \Delta L_r - \max(\Delta L_s, \Delta L_G)$$

式中:ΔL_d——声屏障绕射声衰减;

ΔL_t——透射声修正量;

ΔL_r——反射声修正量;

ΔL_s——声屏障修建前,声源和受声点间存在其他屏障或障碍物时产生的绕射声衰减;

ΔL_G——地面吸收声衰减;

max 表示取ΔL_s和ΔL_G中的较大者。

声屏障的插入损失大小根据敏感点环境噪声级、环境噪声标准值而确定。被保护敏感点的环境噪声级(L_p)与环境噪声标准值(L_s)的差为建造声屏障的最小噪声衰减量,其设计噪声衰减量(ΔL)应满足 $\Delta L \geqslant L_p - L_s$。为保障声屏障的隔声效果,声屏障隔声量应大于噪声绕射衰减量 10dB。此时,透射声修正量可以忽略不计。

在确定声屏障高度时,需要先确定声源及接受点的高度。据美国资料介绍,常见机动车声源的高度,小汽车为 0m,卡车为 0.7m,重型卡车为 2.44m;平均接受点高度为 1.5m。我国公路环境影响评价中常采用的机动车声源平均高度为 1.0m,接受点的高度为 1.2m。当声屏障的位置、声源及接受点的高度确定后,它与接受点、声源(等效行车线)之间的相对距离及高差便随之确定。声屏障高度的确定可采用编程计算或采用试算法,即先设定一声屏障高度值,由声屏障、接受点和声源三者之间的相对距离及高差计算出声程差(δ);查声程差(δ)与声屏障绕射声衰减(ΔL)关系图(图 6-1;或由声程差计算出 Fresnel 数,查 Fresnel 数与声屏障绕射声衰减关系图),得到无限长声屏障绕射声衰减量;根据设计的声屏障长度,由遮蔽角百分数查图或计算得到有限长声屏障的绕射声衰减量;再计入地面吸收声衰减、反射声和透射声等修正量,得到声屏障的插入损失;当得到的插入损失满足设计所需的插入损失时,设定的声屏障高度值即为设计值。根据确定的设计噪声衰减量,查声程差(δ)与降噪量(ΔL)关系图(图 6-1),由所需的声程差(δ),可计算得出声屏障的高度。设计时在满足噪声衰减需要的插入损失前提下,应尽量使声屏障的高度经济合理。

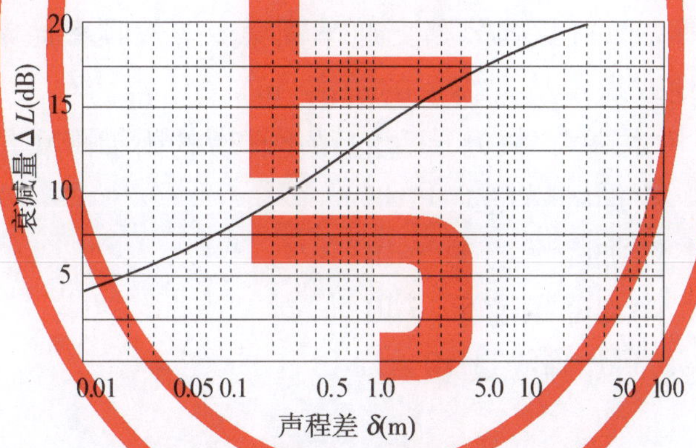

图 6-1 声程差(δ)与降噪量(ΔL)关系图(f=500Hz)

临近居住区、学校、医院等公共社区的公路上的声屏障,其高度一般为 3~5m。为了降低声屏障的风荷载,声屏障高度不宜超过 5m。当高度大于 5m 时,应将超出部分向行车道一侧挑出,以增大有效高度。

为了减小声屏障两端交通噪声对声屏障降噪效果的影响,声屏障的外延长度不宜小于受保护对象到声屏障距离的 2 倍。声屏障紧急疏散口供公路上发生事故时紧急疏散使用,疏散口之间的间距不宜大于 500m。疏散口处应设置标志。疏散口不能过大,门扇应密封,易开启。

声屏障的形式与构造的选择,应符合因地制宜、构造坚固、形式多样、方便施工、经济合理、协调美观等原则。声屏障可选用砖石料、混凝土、木材、金属、轻型复合材料等建造。当采用木材、多孔吸声材料时,应作防火、防腐等处理。当要求降噪量大于 10dB 时,要求声屏障的透射声衰减量一般应大于 25dB。这就需要使用密度高的材质,相应的材料要求是单位面积质量至少大于10kg/m^2,对于实体材料构造通常是可以满足的,像GRC(玻璃钢)及20mm厚木板都可满足要求。

减小声屏障临路侧表面对光波的反射是为了减少对车内驾乘人员的眩光,保证行车安全与舒适。当在高架桥等路段采用透明材料的声屏障时,其表面应作吹砂处理,避免大面积反光。减小声屏障临路侧表面对声波的反射是为了减少对车内驾乘人员的噪声干扰(尤其在公路两侧设置声屏障时)。通常声屏障壁体宜做成扩散反射型或吸收型,亦可利用表面垂直绿化,改善其声学性能。

声屏障结构设计应考虑自重、侧向土压力、风荷载、冰雪荷载等。

6.2.7 绿化林带具有降噪、防尘、水土保持、改善生态环境和美化环境等综合功能。在公路用地许可时,应首选栽植绿化林带降噪。绿化林带的降噪功能不可估计过高,但其对人的心理作用是良好的。绿化林带的降噪效果因声波频率、树林密度和深度而异。由于树叶的吸收作用是在树叶的周长接近或大于声波波长时才有较大的效果,所以要得到较好的降噪效果,树要种得密,林带要相当宽,而且最好栽植阔叶林。

美国关于森林衰减噪声的近似计算公式为:

$$\Delta L = 0.01 f^{1/3} r$$

式中:ΔL——降噪量(dB);

f——声波的频率(Hz);我国公路交通车辆噪声等效频率通常按500Hz取值;

r——声音在草地或灌木丛上传播的距离(m)。

乔、灌木搭配密植,树木高大、枝叶茂密的绿化林带的附加降噪量参考值如下:

林带宽度为10m时,附加降噪量1~2dB;

林带宽度为30m时,附加降噪量3~5dB;

林带宽度为50m时,附加降噪量5~7dB;

林带宽度为100m时,附加降噪量10~12dB。

6.2.8 拆迁建筑物或调整其使用功能,如迁出居民、房屋改作仓库等,可作为公路交通噪声污染防治措施的比选方案之一,起到有效保护村庄、居民区后排声环境质量的目的。农房建筑(平房)的噪声衰减量参考值如下:

第一排房屋,噪声衰减量3.0~5.0dB;

每增加一排,噪声衰减量增加1.5dB;

继续增加排数,噪声衰减量最大10.0dB。

6.2.9 《建筑施工场界噪声限值》(GB 12523—1990)中的有关规定是针对城市建筑施工期间施工场地产生的噪声而制定的,标准所给出的噪声值是指与敏感区域相应的建筑施工场地边界线处的限值。为防止公路施工期间施工机械噪声扰民,敏感点附近路段施工期间施工场界噪声级应符合该标准的规定。适宜的防治措施有:合理组织安排强噪声辐射机械的施工时间、施工方式,设置临时性隔声墙等。表6-2是常用施工机械噪声的测试值,可参考使用。

表 6-2 公路工程机械噪声测试值

机械名称	型号	测点到机械距离(m)	最大声级(dB)	到机械不同距离的噪声级(dB)					
				10m	20m	30m	50m	100m	150m
轮式装载机	ZL40、ZL50	5	90	84	78	74.5	70	64	60.5
平地机	PY160A	5	90	84	78	74.5	70	64	60.5
振动式压路机	YZJ10B	5	86	80	74	70.5	66	60	56.5
双轮双振压路机	CC21	5	81	75	69	65.5	61	55	51.5
三轮压路机		5	81	75	69	65.5	61	55	51.5
轮胎压路机	ZL16	5	76	70	64	60.5	56	50	46.5
推土机	T140	5	86	80	74	70.5	66	60	56.5
轮胎式液压挖掘机	W4—60C	5	84	78	72	68.5	64	58	54.5
摊铺机(英国)	Fifond311 ABGCO	5	82	76	70	66.5	62	56	52.2
摊铺机(德国)	VOGELE	5	87	81	75	71.5	67	61	57.5
发电机组(2台)	FKV—75	1	98	92	86	82.5	78	72	68.5
冲击式钻井机	22	1	87	81	75	71.5	67	61	57.5
搅拌机	JZC350	2	79	73	67	63.5	59	53	49.5
搅拌机(英)	Parker LB1000	2	88	82	76	72.5	68	62	58.5
搅拌机(西筑)	LB30	2	90	84	78	74.5	70	64	60.5
	LB25	2	84	78	72	68.5	64	58	54.5
搅拌机(意大利)	MARINI	2	90	84	78	74.5	70	64	60.5

6.3 环境空气污染防治

6.3.2 《沥青工业污染物排放标准》(GB 4916)是为防治沥青工业排放的废气、废水对环境的污染而制定的适用于全国石油沥青及沥青制品工厂(不包括煤焦油沥青及制品工厂)废气和废水排放的强制性环境标准。1997年1月1日实施《大气污染物综合排放标准》(GB 16297)后,该标准中的废气部分被取代。1998年1月1日实施《污水综合排放标准》(GB 8978)后,该标准中的剩余部分被取代。所以,沥青混合料搅拌场(站)污染物排放应执行《大气污染物综合排放标准》(GB 16297),对应于场站位置所属《大气环境质量标准》(GB 3095)的不同功能区(1、2、3类),分别执行一、二、三级排放标准。公路工程大部分路段位于《大气环境质量标准》(GB 3095)2类区,相应执行二级排放标准。

《工业企业设计卫生标准》(GBZ 1—2002)中规定:"工业企业和居民区之间必须设置足够宽度的卫生防护距离";"向大气排放有害物质的工业企业应布置在当地夏季最小频率风向的被保护对象的上风侧"。参考公路交通建设项目环境影响评价中通常采用的卫生防护距离标准值,确定搅拌场(站)距敏感点距离不宜小于300m,混合料拌和站距敏感点距离不宜小于200m,并应设置在当地施工季节最小频率风向的被保护对象的上风侧,以减轻对敏感点环境空气的污染。

石灰、粉煤灰等路用粉状材料的运输、堆放和拌和常常产生严重扬尘污染,所以应根据材料性质及工程条件选择采取遮盖、袋装、罐装、洒水等防止扬尘措施。

6.3.3 公路服务设施和管理设施是指公路服务区、管理所、收费站、停车区等。《锅炉大气污染物排放标准》(GB 13271—2001)规定,除煤粉发电锅炉和单台能力大于45.5MW(65t/h)发电锅炉以外的各种容量和用途的燃煤、燃油和燃气锅炉排放大气污染物均应执行该标准。该标准分年限规定了锅炉烟气中烟尘、二氧化硫和氮氧化物的最高允许排放浓度和烟气黑度的排放限值,适用于锅炉排放大气污染物的管理,以及建设项目环境影响评价、设计、竣工验收和建成后的排污管理。所以,在公路服务区、管理所、收费站、停车区等设施内安装的锅炉,其大气污染物排放应满足该标准的要求。

6.4 水环境污染防治

6.4.1 我国现行的相关地表水环境质量标准有:

(1)《地表水环境质量标准》(GB 3838),适用于全国江河、湖泊、运河、渠道、水库等具有使用功能的地表水水域;

(2)《海水水质标准》(GB 3097),适用于近海功能区;

(3)《渔业水质标准》(GB 11607),适用于单一渔业保护区、鱼虾产卵场水域;

(4)《农田灌溉水质标准》(GB 5084),适用于城市污水、工业废水用作农田灌溉用水时;

(5)《景观娱乐用水水质标准》(GB 12941),适用于以景观、疗养、度假和娱乐为目的的江、河、湖(水库)、海水水体或其中一部分。

最常用的地表水水质标准为《地表水环境质量标准》(GB 3838)和《海水水质标准》(GB 3097)。《地表水环境质量标准》(GB 3838—2002)规定,地表水水质依据地表水水域环境功能和保护目标,按功能高低依次划分为五类:

Ⅰ类:主要适用于源头水、国家自然保护区;

Ⅱ类:主要适用于集中式生活饮用水地表水源地一级保护区、珍稀水生生物栖息地、鱼虾类产场、仔稚幼鱼的索饵场等;

Ⅲ类:主要适用于集中式生活饮用水地表水源地二级保护区、鱼虾类越冬场、洄游通道、水产养殖区等渔业水域及游泳区;

Ⅳ类:主要适用于一般工业用水区及人体非直接接触的娱乐用水区;

Ⅴ类:主要适用于农业用水区及一般景观要求水域。

《海水水质标准》(GB 3097—1997)按照海域的不同使用功能和保护目标,将海水水质分为四类:

第一类,适用于海洋渔业水域海上自然保护区和珍稀濒危海洋生物保护区;

第二类,适用于水产养殖区、海水浴场人体直接接触海水的海上运动或娱乐区以及与人类食用直接有关的工业用水区;

第三类，适用于一般工业用水区、滨海风景旅游区；

第四类，适用于海洋港口水域、海洋开发作业区。

在公路建设过程中产生的污水基本上均执行《污水综合排放标准》(GB 8978)。《污水综合排放标准》(GB 8978—1996)规定，“①排入GB 3838Ⅲ类水域(划定的保护区和游泳区除外)和排入GB 3097中二类海域的污水，执行一级标准。②排入GB 3838中Ⅳ、Ⅴ类水域和排入GB 3097中三类海域的污水，执行二级标准。③排入设置二级污水处理厂的城镇排水系统的污水，执行三级标准。④排入未设置二级污水处理厂的城镇排水系统的污水，必须根据排水系统出水受纳水域的功能要求，分别执行①和②的规定。⑤GB 3838中Ⅰ、Ⅱ类水域和Ⅲ类水域中划定的保护区和游泳区，GB 3097中一类海域，禁止新建排污口，现有排污口应按水体功能要求，实行污染物总量控制，以保证受纳水体水质规定用途的水质标准。”

6.4.2 《中华人民共和国水污染防治法》第20条规定：“禁止在生活饮用水地表水源一级保护区内新建、扩建与供水设施和保护水源无关的建设项目。”

因此，本规范规定公路线位应设置在饮用水水源一级保护区以外。在饮用水水源保护区内不得设置沥青混合料及混凝土搅拌站；不得堆放或倾倒任何含有害物质的材料或废弃物；不得在饮用水水源保护区内取土、弃土，破坏土壤植被。公路必须经过饮用水水源保护区时，应在驶入和驶出点设置警示标志牌。

公路路面径流是具有单一地表使用功能的地表径流，所含污染物与车辆运输及周围环境状况有关，主要成分为固体物质、有机物、重金属、无机盐等。表6-3是西安至临潼高速公路路面径流污染强度的测试结果。从表中数据可以看出，SS和COD流量加权平均浓度均超过《污水综合排放标准》(GB 8978)一级标准的要求。为防止公路路面径流对地表水体的污染，而同时又不过多增加工程难度和投资，公路路线经过饮用水水源保护区、执行《地表水环境质量标准》(GB 3838)Ⅰ～Ⅱ类标准的水体及《海水水质标准》(GB 3097)中的一类海域时，路面径流雨水排入该类水体之前应设置沉淀池沉淀处理。这种用于沉淀处理路面径流雨水的沉淀池同时在一定程度上还可起到防止危险品运输交通事故对敏感水体的污染的作用。

表6-3 我国公路路面径流水质测试结果

污 染 物	西安至临潼高速公路	
	径流期间的瞬时浓度范围	流量加权平均浓度(EMC)
SS (mg/L)	126～813	347
COD (mg/L)	58～412	167
总Pb (mg/L)	0.05～0.77	0.23
总Zn (mg/L)	0.15～1.34	0.45

为防止公路桥梁上危险品运输车辆事故对敏感水体的污染，公路桥梁跨越饮用水水源保护区、执行《地表水环境质量标准》(GB 3838)Ⅰ～Ⅱ类标准的水体及《海水水质标准》(GB 3097)中的一类海域时，桥面排水不得直接排入该类水体。桥梁桥面两侧宜设置

沉淀槽、池沉淀处理桥面初期雨水或蓄积危险品泄漏物。

6.4.3 公路沿线设施污水的处理程度及排放应根据受纳水体的功能确定。按照《污水综合排放标准》(GB 8978—1996)的规定,沿线设施污水不得排入《地表水环境质量标准》(GB 3838)中Ⅰ~Ⅱ类水域、Ⅲ类水域中划定的保护区和游泳区及《海水水质标准》(GB 3097)中一类海域。排入《地表水环境质量标准》(GB 3838)Ⅲ类水域(划定的保护区和游泳区除外)和排入《海水水质标准》(GB 3097)中二类海域时,必须处理达到《污水综合排放标准》(GB 8978—1996)一级;排入《地表水环境质量标准》(GB 3838)中Ⅳ、Ⅴ类水域和排入《海水水质标准》(GB 3097)中三类海域时,必须处理达到《污水综合排放标准》(GB 8978—1996)二级。

公路沿线设施污水再生利用时,根据不同用途执行不同的标准。用作建筑杂用水和城市杂用水如冲厕、道路清扫、消防、城市绿化、车辆冲洗、建筑施工等杂用,其水质应符合国家标准《城市污水再生利用　城市杂用水水质》(GB/T 18920)的规定;用于景观环境用水,其水质应符合国家标准《城市污水再生利用　景观环境用水水质》(GB/T 18921)的规定;用于农田浇灌用水时,应符合《农田灌溉水质标准》(GB 5084)的规定。

6.4.4 施工期生活污水应集中处理后排放或用于农灌。建有水冲式厕所的施工营地及施工管理区的粪便污水宜采用化粪池处理,化粪池出水应汇集到污水集水池,备用于农灌。建有旱厕的施工营地及施工管理区的粪便污水宜在旱厕中蓄积,备用于农灌。

7 绿化设计

7.1 一般规定

7.1.2 《交通建设项目环境保护管理办法》第十七条规定，交通建设项目的设计，应当按照交通行业环境保护设计规范及其他有关技术规范的要求，编制环境保护篇章，使绿化设计成为公路工程设计必不可少的内容。绿化设计不仅与防护工程密切相关，同时也是景观设计的一项重要内容。公路景观可分为路内景观与路外景观，与绿化设计密切相关的是路内景观。

7.1.3 随着我国公路建设的发展，山区高速公路越来越多，为保护生态环境，设计中较多地采用了隧道，因此，隧道洞门区域的绿化也成为公路绿化的一个重要内容。根据对西北、西南地区多条已建、在建山区高速公路的调研，隧道洞口的绿化与景观已越来越为人们所重视。

7.1.4 公路绿化常用的植物有常绿乔木、落叶乔木、常绿灌木与小乔木、落叶灌木、小乔木与草种、藤木及其他植物等。

植物的生长发育受四季气候有规律地影响，各种生长发育的过程有规律地季节性出现，如生长、授粉、开花、结果或种子成熟等。因此，植物群落的外貌也发生季节性变化，即植物群落的季相。在冷、暖或干湿交替明显的地区，群落季相变化更为显著。温带的落叶阔叶林，早春由于乔木层的树木尚未长叶，林内透光度很大，林下出现春季开花的草本层，构成了春季季相。入夏以后，乔木枝叶茂盛，树冠郁闭，早春开花的草本植物在林下消失，代之而起的是夏季开花植物，又呈现另一片景色。秋季植物叶片由绿变黄，群落外貌又发生变化，呈黄色或红色。选择公路绿化物种时，充分利用植物的季相景观效果，可使公路绿化与周围自然环境自然融合，消除人工绿化的痕迹，充分贯彻和谐的设计理念。

为供设计人员选择时参考，现将有关植物分类列于表7-1～表7-5中。

表7-1 常绿乔木

名称	生长地区	生长环境		高度（m）	环境作用或特点	景观
		温度、湿度、阳光	土壤			
罗汉松	华东、中南	温暖、多湿处	沙质酸性土壤	16～25	抗污染，对二氧化硫的抗性强	园景树

续上表

名称	生长地区	生长环境		高度(m)	环境作用或特点	景观
		温度、湿度、阳光	土壤			
白皮松	西北、华北、西南	阳性树种，略耐半阴	酸性或中性黄土、肥沃钙质土	25~30	对烟尘、二氧化硫有较强的抗性	树形多姿，苍翠挺拔
油松	华北、东北、西北	阳光充足的北方地区，耐盐碱、水湿、干旱	酸性或中性土壤	25~30	防尘、防风，易受二氧化硫的伤害	园景树
云松	华北、西北	喜冷凉湿润气候	微酸性土壤	20	抗污染，具有良好的吸尘降噪能力	园景树、风景林
侧柏	华北、华东、华南	喜阳光，在8~16℃生长良好	各种土壤	20	抗污染	园林树
松柏	华北、华东、四川	喜阳光，耐旱、热		20	抗污染，具有吸尘降噪作用	园林树
龙柏	长江、黄河流域	喜光、温湿气候	湿润土壤	8	抗污染，具有吸尘降噪作用	园景树
桉树	华东、华南、西南	喜光、温湿气候	酸性或微碱性土壤，忌石灰质土壤	38	具有中等抗污染能力	叶深绿，冠圆形
细叶榕	华东、西南、华北等	喜阳光、暖热多雨气候	酸性土壤	15~20	抗污染，能吸收空气中有毒物质	树冠大
银桦	华东、西南	喜光、温暖湿润气候	酸性土壤	20	抗污染力强，能吸收空气中有害物质	
马尾松	长江流域、华南	强阳性，喜温湿气候	酸性土壤	30	造林绿化，风景林	
黑松	华东沿海	强阳性，抗海潮风，宜生长在海滨		20~30		庭荫树、行道树、防潮林、风景林
湿地松	东北	强阳性，喜温暖气候，较耐水湿		25		庭荫树、行道树、风景林
白扦	华北	耐阴，喜冷凉湿润气候，生长慢		15~25	树冠圆锥形，针叶粉蓝色	园景林、风景林
红皮云杉	东北、华北	耐阴，耐寒，生长较快		15~30	树冠圆锥形	园景树、风景林
雪松	北京、大连以南	弱阳性，耐寒性不强		15~25	抗污染力强，树冠圆锥形，姿态优美	园景树、风景林

续上表

名称	生长地区	生长环境		高度（m）	环境作用或特点	景观
		温度、湿度、阳光	土壤			
杉木	长江中下游至华南	中性，喜温湿气候，速生	酸性土壤	25	树冠圆锥形，造林绿化	园景树
圆柏	东北南部、华北至华南	中性，耐寒，稍耐湿，耐修剪			幼年树冠狭圆锥形	园景树，列植、绿篱
杜松	华北、东北	阳性，耐寒，耐干瘠，抗海潮风		6~10	树冠狭圆锥形	列植、丛植、绿篱
广玉兰	长江流域及其以南地区	阳性，喜温暖湿润气候，抗污染		15~25	花大，白色，6~7月	庭荫树、行道树
白兰花	华南	阳性，喜暖热，不耐寒，喜酸性土		8~15	花白色，浓香，5~9月	庭荫树、行道树
樟树	长江流域至珠江流域	弱阳性，喜温暖湿润，较耐水湿		10~20	树冠卵圆形	庭荫树、行道树、风景林
羊蹄甲	华南	阳性，喜暖热气候，不耐寒		10		
洋紫荆	华南	阳性，喜暖热气候，不耐寒		6~8	花粉红色，春末	行道树、庭园风景树
木麻黄	华南	阳性，喜暖热，耐干瘠及盐碱土		20~25		行道树、防护林、海岸造林
榕树	华南	阳性，喜暖热多雨气候	酸性土壤	20~25	树冠大而圆整	庭荫树、行道树、园景树
大叶桉	华南、西南	阳性，喜暖热气候，生长快		25		行道树、庭荫树、防风林
白千层	华南	阳性，喜暖热，耐干旱和水湿		20~30		行道树、防护林
桂花	长江流域及其以南地区	阳性，喜温暖湿润气候			花黄、白色，浓香，9月	
棕榈	长江流域及其以南地区	中性，喜温湿气候		5~19	抗有毒气体	行道树，对植、丛植、盆栽
蒲葵	华南	阳性，喜暖热气候		8~15	抗有毒气体	庭荫树、行道树，对植、丛植、盆栽
王棕	华南	阳性，喜暖热气候，不耐寒		15~20		树形优美，行道树、园景树，丛植
假槟榔	华南	阳性，喜暖热气候，不耐寒		15		树形优美，行道树，丛植

表7-2 落叶乔木

名称	生长地区	生长环境		高度(m)	环境作用或特点	景观
		温度、湿度、阳光	土壤			
水杉	中南、华东、西南	喜阳光、温暖湿润气候	肥沃沙质土、微酸性土壤	30~40	对二氧化硫的抗性弱，降噪效果好	树干挺拔
金钱松	长江流域		酸性沙质土		对二氧化硫抗性弱	树干挺直，树冠呈圆锥形
白桦	北方地区、高原地区	喜阳光，耐寒	酸性土，适应性强	15		树冠为长圆球形
毛白杨	黄河流域	喜阳光、湿润气候		20~30	抗污染，吸收空气中有害物质，吸滞尘埃	园景树、风景林
旱柳	全国各地	耐干旱、水湿，喜阳光	通气良好的沙质土	20	抗烟尘，能吸收空气中有害物质，有固沙能力	
馒头柳	北方地区	耐寒，喜阳光，适应性强	通气良好的沙质土	15	抗烟尘	
垂柳	长江流域、华北、陕西等	喜阳光，适应性强	湿润沙土	18	抗污染，能吸收有害物质	
榆树	全国各地	喜阳光，适应性强	肥沃、湿润沙土		抗污染，耐烟尘，吸滞尘埃	
枫杨	南方地区	喜阳光、温湿气候	肥沃深厚的油沙土、酸性及微碱性土	30	抗污染	
槐树	全国各地	喜阳光，耐干冷	排水良好的沙质土	10~15	抗污染，吸收有害气体	
刺槐	全国各地	喜阳光，耐干旱，不耐阴，不耐涝	排水良好的沙质土	10~15	抗污染力强，吸收有害物质，吸滞尘埃	
臭椿	全国各地	喜阳光，适应性强		20~30	对烟尘、二氧化硫的抗性弱，能吸滞尘埃，降噪效果好	
杨树	北方地区	喜阳光，耐寒，耐旱	肥沃沙质土壤		对二氧化硫的抗性强	
乌桕	黄河以南	喜阳光，不耐阴，喜温暖湿润气候	深厚、湿润、排水良好的土壤	15	对二氧化硫、二氧化氮有较强抗性	冠球形，秋叶紫色

续上表

名称	生长地区	生长环境		高度（m）	环境作用或特点	景观
		温度、湿度、阳光	土壤			
泡桐	东北、华北、西北、华东等地	喜阳光，不耐阴，喜温暖气候，耐旱，不耐积水与盐碱	湿润、肥沃、疏松、通气良好的土壤	20	抗污染，能吸收空气中有害物质	开花并有芳香
白蜡	全国各地	喜光，喜温暖湿润气候	喜石灰性土壤，在碱性、中性土壤中也能生长	15	抗烟尘，对二氧化硫有较强的抗性	秋天叶为黄色
合欢	华北、四川、长江以南各地	喜光，能适应各种气候条件，不耐寒，耐涝	对土壤要求不严，干旱贫瘠沙质土均可	15	抗污染，有改良土壤和固沙的作用	树冠扁而阔，盛夏开粉红色花
池杉	长江流域、华北南部	强阳性，喜温暖，不耐寒，极耐湿		15～25	树冠狭圆锥形	列植、丛植，风景林
银杏	沈阳以南华北至华南	阳性，耐寒		20～30	抗多种有毒气体，秋叶黄色	庭荫树、行道树，孤植、对植
凤凰木	两广南部及滇南	阳性，喜暖热气候，不耐寒，速生		15～20	花红色美丽，5～8月	庭荫观赏树、行道树
枫香	长江流域及其以南地区	阳性，喜湿暖湿润气候，耐干瘠		30	秋叶红艳	庭荫树、风景林
悬铃木	华北南部至长江流域	阳性，喜温暖，抗污染，耐修剪		15～25	冠大荫浓	行道树、庭荫树
新疆杨	西北、华北	阳性，耐大气干旱	盐渍土	20～25	树冠圆柱形，优美	行道树、风景林、防护林
加杨	华北至长江流域	阳性，喜温凉气候，耐水湿	盐碱	25～30		行道树、庭荫树、防护林
青杨	北部及西北部	阳性，耐干冷气候，生长快		30		行道树、庭荫树、防护林
胡桃	华北、西北至西南	阳性，耐干冷气候，不耐湿热		15～25		庭荫树、行道树、干果树
杜仲	长江流域、华北南部	阳性，喜温热气候，较耐寒		15～20		庭荫树、行道树
梧桐	长江流域、华北南部	阳性，喜温暖湿润，抗污染，怕涝		10～15	枝干青翠，叶大荫浓	庭荫树、行道树
木棉	华南	阳性，喜暖热气候，耐干旱，速生		25～35	花大，红色，2～3月	行道树、庭荫观赏树

续上表

名称	生长地区	生长环境		高度(m)	环境作用或特点	景观
		温度、湿度、阳光	土壤			
丝棉木	东北南部至长江流域	中性,耐寒,耐水湿,抗污染		6	枝叶秀丽,秋果红色	庭荫树、水边绿化
沙枣	西北、华北、东北	阳性,耐干旱	低湿及盐碱	5~10	叶银白色,花黄色,7月	庭荫树、风景树
栾树	辽、华北至长江流域	阳性,较耐寒,耐干旱		10~12	抗烟尘,花金黄,6~7月	庭荫树、行道树、观赏树
无患子	长江流域及其以南地区	弱阳性,喜温湿,不耐寒,抗风		15~20	树冠广卵形	庭荫树、行道树
火炬树	华北、西北、东北南部	阳性,适应性强,抗旱	耐盐碱	4~6	秋叶红艳	风景林、荒山造林
元宝枫	华北、东北南部	喜温凉气候,抗风	中性	10	秋叶黄色或红色	庭荫树、行道树、风景林
白蜡树	东北、华北至长江流域	弱阳性,耐寒,耐低湿		10~15	抗烟尘	庭荫树、行道树、堤岸树
绒毛白蜡	华北	阳性,耐低洼,抗污染	盐碱地	8~12		庭荫树、行道树
大花紫薇	华南	阳性,喜暖热气候,不耐寒		8~12	花淡紫红色,夏秋	庭荫观赏、行道树

表7-3 常绿灌木与小乔木

名称	生长地区	生长环境		高度(m)	环境作用或特点	景观
		温度、湿度、阳光	土壤			
铺地柏	长江流域、华北	阳性,耐寒,耐干旱		0.3~0.5		匍匐灌木,布置岩石园,地被
大叶黄杨	长江流域及其以南地区	喜阳光、温湿气候	肥沃、湿润土壤	1~3	抗污染力较强,吸收有害物质	
夹竹桃	华北以南	喜温暖、湿润气候		2	抗污染力强,吸收有害物质	
女贞	华北、西北、西南地区	喜阳光、湿润气候	肥沃、湿润土壤	13	抗污染,吸收有害气体,吸滞尘埃	
海桐	长江以南	喜阳光、温湿气候	湿润土壤	3	抗污染,吸收有害物质	
冬青	全国各地			1~3	抗污染	
苏铁	华南、西南	中性,喜温暖湿润气候	酸性土	3	姿态优美	庭园观赏,盆栽、盆景
枇杷	南方各地	弱阳性,喜温暖湿润,不耐寒		4~6	叶大荫浓,初夏黄果	庭园观赏,果树
石楠	华东、中南、西南	弱阳性,喜温暖	干旱瘠薄	3~5	嫩叶红色,秋冬红果	庭园观赏,丛植

续上表

名称	生长地区	生长环境		高度（m）	环境作用或特点	景观
		温度、湿度、阳光	土壤			
雀舌黄杨	长江流域及其以南地区	中性，喜温暖，不耐寒，生长慢		0.5~1	枝叶细密	庭园观赏，丛植、绿篱、盆栽
枸骨	长江中下游各地	弱阳性，抗有毒气体，生长慢		1.5~3	绿叶红果，甚美丽	基础种植，丛植、盆栽
南天竹	华北南部至华南	耐阴，喜温暖湿润气候	中性	1~2	枝叶秀丽，秋冬红果	庭园观赏，丛植
凤尾兰	华北南部至华南	阳性，喜亚热带气候，不耐严寒		1~3	花乳白色，夏、秋	庭园观赏，丛植
丝兰	华北南部至华南	阳性，喜亚热带气候，不耐严寒		0.5~2	花乳白色，6~7月	庭园观赏，丛植
棕竹	华南、西南	阳性，不耐寒	喜湿润的酸性土	1.5~3	观叶	庭园观赏，丛植，基础种植，盆栽

表7-4　落叶灌木、小乔木与草种

名称	生长地区	生长环境		高度（m）	环境作用或特点	景观
		温度、湿度、阳光	土壤			
太平花	华北	喜光，耐干旱	肥沃、排水良好的土壤	3	吸滞粉尘，吸收有害气体，抗污染	花乳白色，开于5~6月
月季	华北、西北、华东、西南	喜光、温暖的气候	对土壤要求不严		对有机物有较好的抗性	花开于5~10月
迎春	华东、华北、西南	喜湿润，耐旱，耐寒，适应性强	肥沃土壤	3	抗污染	花淡黄，开于2~4月
木槿	全国各地	喜温暖湿润气候	酸性土，但要求不严	5	抗污染	花白色或紫色，开于6~9月
黄刺玫	东北、华北、西北	喜阳光，耐旱，耐寒	肥沃、排水良好的酸性土壤	1.5~2	花色黄，4~5月	庭园观赏，丛植
龙爪槐	华北等地	喜阳光、湿润气候	肥沃、湿润土壤			树冠伞形，枝似龙爪下垂
紫穗槐	东北、华北、西北	喜阳光，耐寒	排水良好的土壤	4	抗污染，吸收有害气体	花暗紫色
小冠花	全国各地	适应性强，耐旱	适应偏碱性的土壤		抗污染	根系发达，宜植于公路两侧的路堤边坡，花多色，花期长
结缕草	黄河以南	喜光，耐旱，耐寒	对土壤适应性强			根系发达，宜形成草坪

续上表

名称	生长地区	生长环境		高度(m)	环境作用或特点	景观
		温度、湿度、阳光	土壤			
天鹅绒草	长江以南	喜温、湿气候,耐踩	肥沃、排水良好的土壤			匍匐茎发达,宜形成草坪
野牛花	全国各地	喜旱,耐寒,耐踩	对土壤要求不严			匍匐茎发达,宜形成草坪
羊胡子草	华北、西北、东北	耐寒,耐阴,不耐踩	对土壤要求不严			绿色期长,宜形成草坪
紫薇	华北以南	喜温暖,有一定的抗寒性	石灰性土壤最好		抗污染力强	
玉兰	华北至华南、西南	阳性,稍耐阴,颇耐寒,怕积水		4~8	花大洁白,3~4月	庭园观赏,对植、列植
二乔玉兰	华北至华南、西南	阳性,喜温暖气候,较耐寒		3~6	花白带淡紫色,3~4月	庭园观赏
珍珠花	东北南部、东北至华南	阳性,喜温暖气候,较耐寒		1.5~2	花小,白色美丽,4月	庭园观赏,丛植
绣线菊	华北、西北、东北南部	中性,喜温暖气候		1~1.5	花小,白色美丽,4月	庭园观赏,丛植
珍珠梅	西北、华北、东北	耐阴,耐寒,对土壤要求不严		1.5~2	花小白色,6~8月	庭园观赏,丛植,花篱
杏	东北、华北至长江流域	阳性,耐寒,耐干旱,不耐涝		5~8	花粉红,3~4月	庭园观赏,片植,果树
桃	东北南部、华北至华南	阳性,耐干旱,不耐水湿		3~5	花粉红,3~4月	庭园观赏,片植,果树
碧桃	东北南部、华北至华南	阳性,耐干旱,不耐水湿		3~5	花粉红,重瓣,3~4月	庭植、片植、列植
紫叶李	华北至长江流域	弱阳性,喜温暖湿润气候,较耐寒		3~5	叶紫红色,花淡粉红,3~4月	庭园点缀
樱花	东北、华北至长江流域	阳性,较耐寒,不耐烟尘和毒气		3~5	花粉白,4月	庭园观赏,丛植,行道树
榆叶梅	东北南部、华北、西北	弱阳性,耐寒,耐干旱		1.5~3	花粉、红、紫,4月	庭园观赏,丛植、列植
火棘	华北、西北至长江流域	阳性,喜温暖气候,不耐寒		2~3	春白花,秋冬红果	基础种植,岩石园
山楂	东北南部、华北	弱阳性,耐寒,耐干旱	瘠薄土壤	3~5	春白花,秋红果	庭园观赏,果树
贴梗海棠	华北至长江流域	阳性,喜温暖气候,较耐寒		1~2	花粉、红,4月,秋果黄色	庭园观赏
海棠花	东北南部、华北、华东	阳性,耐寒,耐干旱,忌水湿		4~6	花粉红,单或重瓣,4~5月	庭园观赏

续上表

名称	生长地区	生长环境		高度（m）	环境作用或特点	景观
		温度、湿度、阳光	土壤			
白梨	东北南部、华北、西北	阳性，喜干冷气候，耐寒		4~6	花白色，4月	庭园观赏，果树
紫荆	华北、西北至华南	阳性，耐干旱，不耐涝	瘠薄土壤	2~3	花紫红，3~4月叶前开放	庭园观赏，丛植
锦鸡儿	华北至长江流域	中性，耐寒，耐干旱	瘠薄土壤	1~1.5	花橙黄，4月	庭园观赏，岩石园，盆景
胡枝子	东北至黄河流域	中性，耐寒，耐干旱	瘠薄土壤	1~2	花紫红，8月	庭园观赏，护坡，林带下木
红瑞木	东北、华北	中性，耐寒，耐湿，也耐干旱		1.5~3	茎枝红色美丽，果白色	庭园观赏，草坪丛植
锦带花	东北、华北	阳性，耐寒，耐干旱，怕涝		1~2	花玫瑰红色，4~5月	庭园观赏，草坪丛植
金银木	南北各地	阳性，耐寒，耐干旱，萌蘖性强		3~4	花白、黄色，5~7月，秋果红色	庭园观赏
柽柳	华北至华南、西南	弱阳性，喜温暖气候，较耐寒		2~3	花粉红色，5~8月	庭园观赏，绿篱
杜鹃	长江流域及其以南地区	中性，喜温湿气候	酸性土	1~2	花深红色，4~5月	庭园观赏，盆植
石榴	黄河流域及其以南地区	中性，耐寒，适应性强		2~3	花红色，5~6月，果红色	庭园观赏，果树
黄栌	华北	中性，喜温暖气候，不耐寒		3~5	霜叶红艳美丽	庭园观赏，片植，风景林
鸡爪槭	华北南部至长江流域	中性，喜温暖气候，不耐寒		2~5	叶形秀丽，秋叶红色	庭园观赏，盆栽
小蜡	长江流域及其以南地区	中性，喜温暖，较耐寒，耐修剪		2~3	花小，白色，5~6月	庭园观赏，绿篱
小叶女贞	华北至长江流域	中性，喜温暖气候，较耐寒		1~2	花小，白色，5~7月	庭园观赏，绿篱
丁香	东北南部、华北、西北	弱阳性，耐旱，忌低湿		2~3	花紫色，香，4~5月	庭园观赏，草坪丛植
连翘	东北、华北、西北	阳性，耐寒，耐干旱		2~3	花黄色，3~4月叶前开放	庭园观赏，丛植
小檗	华北、西北、长江流域	中性，耐寒，耐修剪		1~2	花淡花，5月，秋果红色	庭园观赏，绿篱
紫叶小檗	华北、西北、长江流域	中性，耐寒，要求阳光充足		1~2	叶常年紫红，秋果红色	庭园点缀，丛植
二月兰	东北南部至华北	宜半阴，耐寒，喜湿润		0.1~0.5	花淡蓝紫色，春夏	疏林地被，林缘绿化

续上表

名称	生长地区	生长环境		高度(m)	环境作用或特点	景观
		温度、湿度、阳光	土壤			
白车轴草	东北、华北至西南	耐半阴，耐寒，旱，喜温暖	酸土	0.3~0.6	花白色，5~6月	宜地被，固持水土
地毯草	华南	阳性，要求温暖湿润，侵占力强		0.15~0.5	宽叶低矮	固土护坡草坪
野牛草	我国北方广大地区	阳性，耐旱，耐寒，不耐湿	耐瘠薄土壤	0.05~0.25	叶细，色灰绿	固土护坡草坪
狗牙根	华东以南温暖地区	阳性，喜湿耐热，不耐阴，蔓延快		0.1~0.4	叶绿低矮	宜游憩，运动场草坪
结缕草	东北、华北、华南	阳性，耐热，耐寒，耐旱，耐践踏		0.15	叶宽硬	宜游憩，运动场、高尔夫球场草坪
细叶结缕草	长江流域及其以南地区	阳性，耐湿，不耐寒，耐践踏		0.1~0.15	叶极细，低矮	宜观赏、游憩，固土护坡草坪
香根草	长江流域及其以南地区	喜光，喜温暖，耐干旱	耐盐碱	1.8~2.5	根系发达，管理粗放	固土护坡效果较好

表7-5 藤木及其他植物

名称	生长地区	生长环境		高度(m)	环境作用或特点	景观
		温度、湿度、阳光	土壤			
蔷薇	华北以南	阳性，喜温暖，较耐寒，落叶	对土壤要求不严	3~4	抗污染，对二氧化硫抗性弱	花色多，作垂直绿化
紫藤	全国各地	喜阳光，对气候适应性强	肥沃、排水良好的土壤		有一定的抗污染性	花淡紫色，可用作垂直绿化
常青藤	中南、西南、西北	喜温湿气候	对土壤适应性强		抗污染	四季长春，作垂直绿化
金银花(忍冬)	华北、华东、华南、西北、西南	喜阳光，耐阴，耐寒	对土壤适应性强		抗污染	花期长，生长快，作垂直绿化
凌霄	华北以南	中性，喜温暖，稍耐寒，落叶	对土壤适应性强	9	抗污染	花橘红、红色，7~8月；攀缘墙垣、山石等
爬山虎	全国各地	耐阴，耐寒，对气候适应性强	对土壤要求不严		抗污染	垂直绿化材料，可用于美化声屏障
五叶地锦	东北南部、华北	耐阴，耐寒，喜温湿气候，落叶			秋叶红、橙色	攀缘墙面、山石、棚篱等

续上表

名称	生长地区	生长环境		高度（m）	环境作用或特点	景观
		温度、湿度、阳光	土壤			
薜荔	长江流域及其以南地区	耐阴，喜温暖气候，不耐寒			绿叶常青	攀缘山石、墙垣、树干等
扶芳藤	长江流域及其以南地区	耐阴，喜温暖气候，不耐寒			绿叶常青	掩覆墙面、山石、老树干等
络石	长江流域各地	耐阴，喜温暖，不耐寒			常绿；花白色，芳香，5月	攀缘墙面、山石，盆栽
炮仗花	华南	中性，喜暖热，不耐寒			常绿；花橙红色，夏季	攀棚架、墙垣、山石等
毛竹	长江以南地区	阳性，喜温暖湿润气候，不耐寒		10～20	秆散生，高大	庭园观赏，风景林
早园竹	华北至长江流域	阳性，喜温暖湿润气候，较耐寒		1～2	枝叶青翠	庭园观赏
五色苋	全国各地	阳性，喜温畏寒，宜高燥，耐修剪		0.4～0.5	株丛紧密，叶小，叶色美丽	毛毡花坛材料
鸡冠花	全国各地	阳性，喜干热，不耐寒，宜肥忌涝		0.2～0.6	花色多，8～10月	宜花坛、盆栽、干花
千日红	全国各地	阳性，喜干热，不耐寒		0.4～0.6	花色多，6～10月	宜花坛、盆栽、干花
半支莲	全国各地	喜暖畏寒，耐干旱耐瘠薄土壤		0.15～0.2	花色丰富，6～8月	宜花坛镶边、盆栽
虞美人	全国各地	阳性，喜干燥，忌湿热，直根性		0.3～0.6	艳丽多彩，6月	宜花坛、花丛、花群
凤仙花	全国各地	阳性，喜暖畏寒	宜疏松肥沃土壤	0.3～0.8	花色多，6～7月	宜花坛、花篱、盆栽
三色堇	全国各地	阳性，稍耐半阴，耐寒，喜凉爽		0.15～0.3	花色丰富艳丽，4～6月	花坛、花径、镶边
福禄考	全国各地	阳性，喜凉爽，耐寒力弱	忌碱涝	0.15～0.4	花色繁多，5～7月	宜花坛、岩石园，镶边
一串红	全国各地	阳性，稍耐半阴，不耐寒	喜肥沃	0.7～1	花红色，7～10月	宜花坛、花带、盆栽
雏菊	全国各地	阳性，较耐寒，宜凉爽		0.3～0.6	花黄至橙色，4～6月	宜花坛、盆栽
翠菊	全国各地	阳性，忌连作和水涝	喜肥沃湿润	0.2～0.8	花色丰富，6～10月	宜各种花卉布置和切花
万寿菊	全国各地	阳性，喜温暖，抗早霜，抗逆性强		0.2～0.9	花黄、橙色，7～9月	宜花坛、篱垣、花丛

续上表

名称	生长地区	生长环境		高度(m)	环境作用或特点	景观
		温度、湿度、阳光	土壤			
孔雀草	全国各地	阳性,喜温暖,抗旱霜,耐移植		0.15~0.4	花黄带褐斑,7~9月	花坛、镶边、地被
宿根福录考	华北、华东、西北	阳性,宜温气候,喜排水良好		0.6~1.2	花色多,7~8月	花边、花境、切花、盆栽
菊花	全国各地	阳性,多短日性	喜肥沃湿润	0.6~1.5	花色繁多,10~11月	花坛、花境、盆栽
萱草	我国大部分地区	阳性,耐半阴,耐寒,适应性强		0.3~0.8	花艳叶秀,6~8月	丛植、花境、疏林地被
沿阶草	我国中部及南部	喜阴湿温暖,常绿性		0.3	株丛低矮,宜地被	花坛、花境边缘、盆栽
鸢尾	全国各地	阳性		0.3~0.6	蓝紫色,3~5月	花坛、丛植
大丽花	全国各地	阳性		0.3~1.2	花形、花色丰富,夏秋	宜花坛
葱兰	全国各地	阳性,耐半阴	宜肥沃而排水好	1~1.2	花白色,夏秋	花坛镶边、疏林地被、花径
荷花	全国各地	阳性,耐寒,喜温暖而多有机质处		1.8~2.5	花色多,6~9月	宜美化水面,盆栽或切花
睡莲	全国各地	阳性,宜温暖通风和静水	喜肥土	浮水面	花白色,6~8月	水面点缀,盆栽或切花
千屈菜	全国各地	阳性,耐寒,通风好	浅水或地植	0.8~1.2	花玫红色,7~9月	花境、浅滩、沼泽地被

7.2 设计要点

7.2.1 公路绿化的目的在于通过绿化缓解因公路施工、运营给沿线地区带来的各种影响,保护自然环境,改善生活环境,并通过绿化提高公路交通安全和舒适性。公路绿化设计必须适应地区特征、自然环境,合理确定绿化地点、范围和树种。

不同国家和地区对公路绿化的功能有不同的分类。以日本为代表的分类方式是将绿化分为安全驾驶、美化、环境保护三大功能,据以确定绿化栽植的形式与规模。事实上,根据一种功能确定的绿化栽植形式往往具备多种功能,如引导驾驶员视线和诱导判断公路线形方向的栽植,既具有交通工程学中视线引导功能,同时也有保护沿途环境的作用,还具备美化景观的能力。因此,本规范从绿化栽植实际应取得的效果和希望达到的目的分析,将公路绿化功能归纳为"改善环境"和"保护环境"两类。设计中不应片面、孤立地按照某种需要确定栽植形式,而应综合考虑一种栽植形式的不同效果加以合理运用。

7.2.2 保护环境绿化一是保护公路本身的行车免遭风、雪袭击或减轻影响程度,二是防治公路施工、弃土、运营期噪声、废气对沿途环境的污染。

防护林带、防气体污染林带，因为涉及用地宽度，因此在设计过程中应深入地对气象、土地资源等基础资料进行调查，以保证设计经济合理。

7.2.3 改善环境绿化的各种栽植形式并不对公路本身的使用性能产生影响，其目的是为驾乘人员提供得到改善后的良好行车环境，促进行车安全。

公路沿线附近的坟墓、屠宰场、垃圾堆等污染视觉，影响情绪，宜采取遮蔽栽植的方式改善视觉环境。

公路绿化栽植用树木，通常按树的高度分为高、中、矮三种。其规定如下：

高树　3.0m 以上（高度在 10.0m 以上为高大乔木）；

中树　1.0～3.0m；

矮树　1.0m 以下。

7.2.4 根据对建成通车公路互通式立交区景观设计调查，互通式立交区利用植物设计的各种图案养护工作量大、成本高，且与周围景观多不协调，故我们一再强调互通式立交区绿化要选择乡土树种，并与周围景观相协调。城镇附近或对景观有特殊要求的互通式立交区可进行特殊景观绿化。

7.2.5 中央分隔带绿化主要考虑遮光防眩和景观效果，保证夜间行车安全、美化路容。15km 路程一般大约需要行驶 10min，频繁的植物种类变化，容易引起驾驶员视觉混乱和疲劳，引发交通事故；行车 10min 左右的植物种类、颜色、形态等有规律的变化，可使驾驶员、乘客产生韵律和节奏感，给人美的感受。

分隔带宽度小于 3m 时，空间较小，绿化植物如采用自然式布置将显得比较杂乱，而且自然式布置需要将小乔木、各种规格的灌木和草地组合配置，植物枝叶展开很可能超过3m，会侵入路界，或使驾驶员产生躲避的心理反应，故不宜采用自然式设计，应采取规则式设计；分隔带宽度大于 3m 时，空间相对较大，可以自然式配置各种规格的（花）灌木和草地，树丛、树群的规模可适当加大，靠行车道一侧选用低矮植物，中间种植较高的乔木，可丰富道路景观。京石高速公路小于 3m 的中央分隔带采用规则式种植，大于 3m 的中央分隔带宽度采用自然式种植，效果较好。

7.2.6 国内外的大量工程实例表明，公路土路肩和土质边沟的绿化与当地的自然环境和路基填挖方边坡相协调，并以乡土矮草为主，浅碟式边沟的绿化贴近自然，均能发挥良好的环境效应，如图7-1 所示。

图 7-1　土路肩和土质边沟的绿化效果

7.2.7 对于不同坡度的边坡绿化,常用的绿化方式如下:

(1)坡度缓于1:1.5的坡面可种植小乔木或灌木,坡度缓于1:3的坡面可种植中乔木,坡度缓于1:4的坡面可种植大乔木;

(2)土质或以土质为主的边坡,宜用灌木、地被植物进行绿化;

(3)当边坡较高时,对于挖方路基,人的可视范围基本上在一级平台上下,其上设置种植槽,栽植乔木、灌木可绿化平台,栽植垂藤植物可绿化下边坡,栽植攀缘植物可绿化上一级边坡;对于填方路基,边坡的一级平台栽植乔木,既可绿化边坡,又给驾乘人员以安全感,增加行车安全,如图7-2所示;

(4)土路肩如需绿化,应选用草皮;

(5)对于挡墙、浆砌护坡、石质边坡等,通过在其下栽植攀缘植物或在其顶部栽植垂藤植物,经过一段时期后,可起到很好的美化效果,如图7-3所示。常用的攀缘植物和垂藤植物可查阅表7-5。

图7-2 填方路基边坡一级平台栽植乔木绿化效果

图7-3 浆砌护坡攀缘植物绿化效果

7.2.9 公路绿化提倡尽量选用本土物种。公路用地范围内的植物即为公路绿化的天然苗圃。施工期间将公路用地范围内的可绿化植物和有特殊意义的植物保护好,用于公路绿化或景观设计,不仅使公路绿化与周围环境相协调,而且大大降低了公路绿化投资。

8 水土保持

8.1 一般规定

水土保持是公路建设的一个组成部分，它和公路建设之间的关系是相互联系、相互渗透、相互促进的。在对工程防护、生物措施等水土保持设施进行设计的同时，突出对取土场、弃土场的重点防治，完善和加强具有潜在隐患水土流失区的防护措施，是公路设计需要考虑的重要问题之一。公路建设水土保持的原则是我国多年来公路建设经验的总结，具有一定的指导作用，具体设计中还应本着"因地制宜、因害设防"、"重点治理与一般防护相结合"的原则，做到以生物措施为主，生物措施和工程措施相结合，在保证水土保持目标的前提下，尽量增加公路沿线绿化面积。

8.2 水土流失防治措施

8.2.1 公路建设主体工程的桥梁导流设施、路基路面排水、路基防护、病害治理、公路绿化、防风固沙及防洪等设计均具有防止水土流失的功能，设计阶段应根据编制的水土保持方案的要求进行深化和细化。

8.2.3、8.2.4 公路取土场水土保持措施中的防护、排水设施设计可按现行《公路路基设计规范》(JTG D30)和《公路排水设计规范》(JTJ 018)的要求执行。

8.2.5 取土场整治的覆土厚度在南方地区可取低限。在北方地区取高限。本条款规定的均为南方地区和北方地区的下限值，条件允许时覆土厚度宜大于此值。取土场整治后初期栽植的植物应以改良土壤品质较快的植物为主。

当弃土为淤泥土质、肥力较高、有水源保障、具有复垦条件时，要考虑复垦，种植作物；当弃土成分肥力低、水源条件差时，可以采取撒播草籽、喷植草、栽植灌木、乔木等草、灌、乔相结合的绿化防护措施。

8.2.6 拦渣坝的水文计算、坝体断面设计、坝体稳定计算、溢洪和泄水建筑物设计等可参照《开发建设项目水土保持技术规范》(GB 50433)的要求执行。挡渣墙的结构形式主要有重力式、衡重式、悬臂式、扶壁式、空箱式、板桩式等，可根据不同土质、地基及使用条件选用。挡渣墙的土压力计算及断面设计，可按现行《公路路基设计规范》(JTG D30)的要求执行。

8.2.7 弃土场的排水系统布设应充分利用地形和天然水系,并做好出口位置的选择和处理,防止出现堵塞、溢流、淤积、冲刷和冻结等造成对周边环境水土流失的不利影响。排水系统的设计可按现行《公路路基设计规范》(JTG D30)和《公路排水设计规范》(JTJ 018)的要求执行。

(1)当需要拦截山坡或边坡上流向弃土场的汇水时,宜设置截水沟;截水沟宜设置在弃土场5m以外,并依等高线进行布设;在多雨地区,可视实际情况设一道或多道;

(2)将截水沟、弃土场汇集的水引向周围排灌系统时,宜设置排水沟;排水沟与原有沟渠的连接应顺畅;易受水流冲刷的排水沟可根据实际情况采取防护、加固措施;

(3)水流通过陡坡地段或特殊陡坎地段时,宜设置跌水或急流槽。

8.2.8 临时工程水土保持措施中的截水沟、排水沟等排水设施,可按现行《公路路基设计规范》(JTG D30)和《公路排水设计规范》(JTJ 018)的要求执行。

9 景观设计

9.1 一般规定

9.1.1 公路上的交通工具为高速行驶的汽车，观景者为车内的驾驶员和乘客。在车辆高速行驶的情况下，驾驶员头部转动的空间范围很小，视线集中在前方车道上，注视点相对固定，视野很窄，而乘客在车辆行进过程中，头部活动空间较大，可以透过车窗，多角度浏览沿路景色。资料表明，随着车速的增加，驾乘人员的视力减弱。在中等车速情况下，驾乘人员需有1/16s的时间，才能注视看清目标；视点从一点跳到另一点的中间过程是模糊的，一旦对景物辨认不清，就不再有二次辨认的机会；另一方面，随着车速的增加，驾乘人员的视野变小，注意力集中点距离变大，清楚辨认前方的距离缩小。例如，速度70km/h时，注视点在车前360m，视野范围65°；速度100km/h时，注视点在车前600m，视野范围40°。由于人们在公路上是处于运动状态的，因此，路上的景观供人们观赏只是瞬间的，但却是连续的。人们观赏到的是连续的视觉画面，是一个动态的景观序列。因此在设计中，可避免复杂的形体和过于细腻的刻画，切忌过分追求技巧、趣味而工于细节，以适应公路的观景视觉特征。

对于服务区、停车区、观景台等人们可静态观赏的景观，应与路段景观（动态景观）设计综合考虑，静动结合，充分考虑驾乘人员的生理、心理需求，为其提供缓解紧张状态、减轻身心疲劳的优美环境，将其纳入景观总体设计中统一考虑。

总之，公路景观设计应重视公路的动态视觉特点，将静态景观与动态效果景观统一总体考虑。

9.1.2 公路景观设计应将公路主体工程，即公路线形、桥梁、隧道、立交与沿线设施作为综合建筑群体统筹考虑，采取与自然环境、经济条件相适宜的技术对策，既不能片面追求景观效果而不顾当地条件和工程特点盲目加大投资，也不能不结合项目特点，忽视景观设计，造成公路与自然景观不协调。

9.1.3 公路景观设计应系统考虑公路本身景观及沿线既有景观，使其相互协调并形成和谐的景观带，既为公路使用者提供舒适的行车环境，同时也使从公路以外观察公路环境者感到公路景观与周围环境达到和谐统一。

9.1.4 自然景观主要指自然形成的地形、地貌、动物、植物和水体以及四季气象时令变化带来的景观。保持自然景观的完整性,追求自然、顺应自然是公路景观设计的主要目标,各种构造物设计中应贯彻尽可能减少或消除构造物对自然景观的不利影响的设计理念,不应耗费昂贵的人力、物力和财力去追求与自然景观不协调的人造景观。

9.2 设计要点

9.2.1 线形组合设计就是在平面和纵面线形及横断面初步确定的基础上,用公路透视图或模型法进行视觉分析,研究如何满足驾驶员视觉和心理方面的连续、舒适,与周围环境的协调和良好的排水条件等,再对平、纵面线形进行修改,使平、纵面线形合理地组合起来,使之成为连续、圆滑、顺适美观的空间曲线,从而达到行车安全、快捷、舒适、经济的要求。平曲线包竖曲线能获得行驶安全及平顺优美的线形;过缓与过急、过长与过短的平竖曲线组合在一起容易使驾驶员失去顺适感;平面转角小于7°的平曲线与坡度较大的凹形竖曲线的组合,外观较差,平面线形有折点现象。

从工程技术经济角度出发,路基中心线处挖深达30m或挖方边坡高度大于1.6倍的路基宽度值的深挖方路段要与隧道、明洞方案进行比选;路基中心线处填高达20m的高填方路段要与高架桥、半路半桥方案进行比选;而20m高填方主要是针对局部冲沟、山谷路段,对村镇附近路段8m以上,城乡附近6m以上就应进行方案比选;对于路基中心线处的填高和挖深情况还要考虑周围的自然条件,特别是当自然横坡较陡,容易导致挖方上边坡高度超过60m或容易导致填方下边坡高度超过50m的路段,其纵向长度超过200m时均应进行方案比选,并优先采用有利于环境景观的建设方案。

9.2.2 在车辆高速行驶的情况下,驾驶员和乘客的视线主要集中在前方车道上,所看到的景观也在前方。公路绕避风景区或独立景观点时,若将风景区或独立景观点布设于曲线的内侧,在车辆驶过曲线路段时,因其视线主要集中在车辆前方,因此,路旁风景区或独立景观点不能进入驾驶员和乘客的视野中,若驾驶员被景色吸引而扭头欣赏时,就会分散驾驶员注意力,对交通安全造成影响;而若将风景区或独立景观点布设于曲线的外侧,则随着车辆的前进,路旁风景区或独立景观点由远及近,由模糊到清晰,车动景移,不同角度展现在人们眼中的是不同的景致,大大丰富了公路动态景观,如图9-1所示。

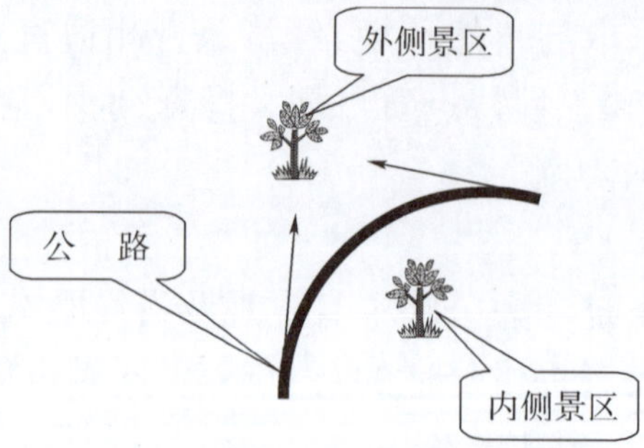

图9-1 公路绕避风景区或独立景观点

9.2.3 路基横坡度采用不同的值,边沟选择宽浅式,可以使路基与原有的地面形态相协调,如图 9-2 所示。

图 9-2 宽浅式边沟

9.2.4 路面色彩和护栏、路缘石的色彩与形状等也是公路景观的构成要素。

9.2.5 桥梁的形式、色彩、材质以及各部位均为桥梁景观设计要素,设计时应从路内景观和路外景观两个角度综合考虑桥梁的景观效果。

9.2.6 对于跨越大江、大河、城市周围、风景旅游区以及有特殊要求的桥梁,应进行桥梁照明景观设计。

9.2.10 公路服务区、停车区、管理区、观景台是公路使用者活动最为集中的地方,对景观需求也较为强烈,因此服务区的位置选择及布设形式应充分利用有特色的自然景观,设计时应注意与周围环境相协调。

9.2.11 公路两侧影响视觉的场所,主要有视线范围内的弃土场、取土场、坟场和废弃工场等,以及施工过程中的堆料场、拌和场、预制场等。施工结束后,对上述场所,应采取绿化、复耕或其他工程措施予以遮蔽或改善。